Anthony G. E. Blake

Intelligenz Jetzt

AF188787

Anthony George Edward Blake, geb. 1939, studierte Physik in Bristol beim Quantenphysiker David Bohm. Außerdem studierte er Geschichte und Philosophie der Wissenschaften in Cambridge, England. Er arbeitete in der Lernforschung und entwickelte neue Systeme für Computer-unterstütztes Lernen und Kreativität in Gruppen und für Management-Training. Seit Anfang der 1960er Jahre arbeitete er mit John G. Bennett zusammen, mit dem er die Methoden und Lehren von G. I. Gurdjieff weiterentwickelte. Ab 1973 war er Lehrer an der von Bennett begründeten »International Academy for Continous Education«, wo einige hundert Menschen die Methoden der harmonischen Entfaltung lernten. Anthony Blake veröffentlichte viele eigene Bücher (siehe die Bibliografie) und war Herausgeber einige der Bücher von John G. Bennett.

Anthony G. E. Blake

Intelligenz Jetzt
Quantensprünge des Geistes

Titeldesign: Cosimo Martin, Hamburg
unter Verwendung des Gemäldes
»Good Vibrations« von Nana Nauwald © 2006
mit freundlicher Genehmigung.
www.visionary-art.de

Kontakt mit dem Autor und viele weitere Texte:
www.duversity.org

Kontakt mit dem Herausgeber:
www.gurdjieff-work.de

Herstellung und Verlag:
BoD - Books on Demand, Norderstedt

ISBN 9783751921190

Inhalt

Vorwort zur deutschen Ausgabe

In diesem kleinen Buch präsentiere ich eine Ansicht über Intelligenz, welche sich kaum auf die umfangreiche Arbeit von Psychologen und Lehrerinnen und Lehrer bezieht, die versucht haben, genaue Definitionen und Messmethoden herauszuarbeiten, um dieses flüchtige und schwer zu fassende »Etwas« in Menschen einzufangen. Eine derart scheinbare Unterlassung bedarf einiger Rechtfertigung, ebenso die Art und Weise, in der dieses Buch geschrieben wurde.

Der Punkt ist, dass beinahe die ganze gegenwärtige Erforschung von Intelligenz ein wesentliches Element unbeachtet lässt. Beim Versuch zu definieren und zu messen – lobenswert und sogar notwendig, wie das auch ist – wurde das vernachlässigt, was nicht eine Sache der Definition oder von Messmethoden ist. Einige Forscher sind sich dessen bewusst und gestehen ein, dass es eine spontane, kreative Kraft im Menschen gibt, die nicht auf ein beobachtbares Funktionieren reduziert werden kann. Auch wenn dies einfach dazu dient, den fehlenden Bestandteil zu benennen, hilft es nicht dazu weiter, intelligenter zu werden oder eher gesagt mit Intelligenz in Berührung zu sein.

Ich glaube fest daran, dass wir etwas tun können, um an Intelligenz beteiligt zu sein, mit Intelligenz zu wirken. Es ist wie eine Art der Einstimmung ähnlich der Sendersuche in einem Radiogerät. Wir können unseren Geist in Resonanz mit Intelligenz bringen, indem wir bestimmte Fähigkeiten in uns kultivieren und in uns eine Vision oder Vorstellung des Wesens der Intelligenz herstellen, die uns ebenso beeinflusst wie wir sie beeinflussen.

Eine Vision ist in diesem Sinne weit entfernt davon, eine Definition oder sogar ein Denkmodell zu sein. Sie erfordert eine Synthese aus einem breiten Erfahrungsschatz, einschließlich von Elementen, die an sich sehr vage und unsicher sind, doch zusammengenommen zu einem höchst kohärenten Etwas werden. Jedes Kapitel enthält gewissermaßen auch das Ganze der Erkenntnis, die in diesem Buch vermittelt wird.

Ich lade die Leserin, den Leser dazu ein, beim Lesen meines Buches an dieser Synthese teilzuhaben.

Anthony Blake

Um in sich verändernden und unsicheren Lebensumständen wirksam zu sein, können wir uns nicht auf bestehende Rezepte, Techniken, Wissen oder Fähigkeiten verlassen. Es gibt immer etwas Neues, das nicht aus Erfahrungen in der Vergangenheit abgeleitet werden kann, das heißt: Intelligenz muss kreativ sein.

»Intelligenz ist fähig,
neue Anfänge zu erschaffen.«

Intelligenz und Kreativität

Die Verbindung von Intelligenz mit Kreativität ist von großer Bedeutung. Kreativität kommt aus einem Bereich jenseits des Bewusstseins, egal ob wir sie im Unbewussten oder in einer Art »höheren Welt« ansiedeln. Wir kennen die Wirkung von Kreativität aber wissen nicht, wie sie wirkt. ... Ohne wirkliches Bewusstsein kann Kreativität verschwendet sein. Bewusstsein hat die Fähigkeit etwas zu empfangen, das von außerhalb seines eigenen Bezugsrahmens kommt und es in unseren Geist, Körper oder die momentane Aufgabe hineinlässt. Sie ist eine Tür oder Eingangstor, vielleicht auch eine Unterscheidung – der Unterschied, der einen Unterschied macht.[1]

Intelligenz ist die Verschmelzung von Kreativität und Bewusstsein.

---

1 Die Texte auf S. 9 - 11 sind aus dem Buch von Anthony Blake:
   A Gymnasium of Beliefs in Higher Intelligence,
   Duversity Publications 2010, S. 25

Ein neuer Anfang Jetzt

Alles woran wir beteiligt sind – Ereignisse, Gedanken, zwischenmenschliche Beziehungen, und vieles mehr – *hat schon begonnen.* Das heißt: Was gerade geschieht, ist bereits in Gang gesetzt worden. Wir befinden uns mitten im Ablauf der Geschehnisse. Jeder intelligente Akt wandelt diesen Ablauf dergestalt um, dass irgendein neues Element hinzutritt. Damit dies wahrhaftig so sein kann, und nicht bloß eine künstliche Addition zum Strom der Ereignisse, ist Intelligenz fähig, *neue Anfänge zu erschaffen.* Solche neuen Anfänge stehen außerhalb des kausalen Zusammenhangs, in dem ein Ereignis innerhalb eines festgesetzten Bedingungsrahmens zu einem Anderen führt.

Eine Möglichkeit, die sich für uns bietet, ist ein *gegenwärtiger Augenblick,* der ganz ist, in dem jedes Teil und jeder Aspekt den gleichen einzigartigen Charakter ausdrückt, der an sich unsichtbar und formlos ist. Diese Schau des gegenwärtigen Augenblicks unterscheidet sich erheblich von einer, worin er als Querschnitt eines Bündels zeitlich bedingter Ereignisse erscheint. Der gegenwärtige Augenblick, der ganzheitlich ist, ist substantiell, und durch Handlungen der Intelligenz wird diese Substanz auf eine Weise neu strukturiert, die weder zeitlos noch zeitlich bedingt ist. Was jetzt ist, ist ungeschaffen und neu erschaffen, während es *jetzt bleibt.*

Der gegenwärtige Augenblick, von dem wir sprechen, ist nicht die »trügerische« Gegenwart, welche die Psychologen kennen. Er kann sich über Jahre ausdehnen. Die Erfahrung eines größeren gegenwärtigen Augenblicks wird überlagert von Erfahrungen von kleineren gegenwärtigen Augenblicken mit ihren vorübergehenden Sorgen.[2]

Auf einer niedrigeren Ebene stellt dies einen Test für die Intelligenz dar, der sie ganz unmissverständlich von Problemlösen und Ähnlichem unterscheidet. Intelligenz erschafft das Problem und entwickelt zugleich eine Lösung, wohingegen Problemlösen bedeutet, dass innerhalb festgelegter Bedingungen berechnet wird. Auch auf diese Weise umgeht Intelligenz die Beschränkungen von Raum und Zeit.

Sie bewältigt dies nicht etwa, indem sie die Beschränkungen beseitigt (das kann sie nicht), sondern dadurch, dass sie etwas vom nicht Bedingten[3] in Erscheinung bringt. Mit anderen Worten: Intelligenz ist die Brücke zwischen Qualität und Quantität.

---

2 Abschnitt aus *A Gymnasium of Higher Beliefs,* S. 37
3 »Conditioned« oder »not conditioned« im Englischen Original meint, dass bestimmte Gegebenheiten zum einen von den natürlichen Lebensumständen abhängig sind, doch wenn sie frei davon, also nicht bedingt sind, dann aus einer anderen, kreativen Wirklichkeit kommen, keine materiellen »Dinge« sind.

Wenn das Nicht-Bedingte in das Bedingte eintritt, taucht eine neue Art der Erfahrung auf, frei vom mechanischen Strom der Ereignisse, doch sehr eng damit verbunden. Dieses Auftauchende wird manchmal «Einsichten» genannt, und es ist wahr, dass die bedeutsame Veränderung, die stattfindet, im Sehen geschieht. Das will aber nicht heißen, dass jemand eine Einsicht *haben* könnte. Er muss den Weg freimachen und erkennen, dass alles in ihm im Hier und jetzt und im Ganzen bedingt ist, und dem, was nicht bedingt ist, den Eintritt erlauben.

Das Nicht-Bedingte ist unsichtbar und ganz. Es gelangt durch Lücken in das Sichtbare. Wenn man sieht, dass die Gesamtheit des Sichtbaren unzureichend ist, dass es einen Mangel gibt, der durch nichts Sichtbares – sogar große Mengen davon – behoben werden kann, dann ist es möglich, auf die Kraft des Sichtbaren zu verzichten und das Unsichtbare um seine heilende Berührung zu bitten.

Das Nicht-Bedingte findet seinen eigenen Weg. Es steht uns nicht zu, sein Führer oder Ratgeber sein zu wollen. Man spielt die Rolle des Zeugen der Dinge, so wie sie sind und bildet sich nicht ein, in gleicher Weise auch zu wissen, wie die Dinge sein können. Das Nicht-Bedingte findet seinen Weg in die komplexesten und detailliertesten Teile hinein, ohne Anstrengung und durch keinen Prozess. Dies zu tun, liegt in seiner wahren Natur.

Die Notwendigkeit von Intelligenz

Die Welt muss jeden Augenblick neu erschaffen werden. Deshalb ist jeder Augenblick eine Gelegenheit, die Welt anders zu gestalten. Auf solche Weise arbeitet Intelligenz.

Wenn es keine Neugestaltung gibt, sind wir dazu verurteilt, blind am Aufbau und an der Erhaltung unserer Lebensgefängnisse teilzunehmen.

Intelligenz befähigt uns, der Welt und uns selbst zu helfen, in eine unbekannte Zukunft einzutreten.

Intelligenz ist mehr als bewusst sein. Besser ist es zu sagen, dass Intelligenz es uns ermöglicht, auf »höhere« Information zu hören.[4]

---

4 Eingefügt aus: *A Gymnasium of Belief...* S. 35, siehe Bibliografie.

Intelligenz kommuniziert mit Intelligenz

Intelligenz kommuniziert augenblicklich mit Intelligenz, wo und worin sich Intelligenz auch befinden mag: Zwischen Menschen, zwischen einem Musiker und seinem Instrument, zwischen einem Menschen und einer Idee; ja sogar zwischen einer Idee und einer anderen Idee. Wir können die Welt verstehen, weil sie Intelligenz enthält. Der wahre Wissenschaftler hört auf die Intelligenz der Natur und sieht die Natur der Sache.

Um Intelligenz in der Sprache wahrnehmen zu können, muss man verstehen, *was* Sprache sagt, statt, *dass* sie etwas sagt. Intelligenz ist nicht auf menschliche Gehirne begrenzt. Sie ist in der Sprache und in unseren Körpern, im Himmel und in allen lebendigen Dingen gegenwärtig. Die Intelligenz von etwas kommt zum Vorschein, wenn sie mit Intelligenz in Berührung kommt. Berührt uns Intelligenz, so werden auch wir aufgeweckt: Von einem intelligenten Menschen, von einem Gedicht, von einer Landschaft, einer Idee, oder von was auch immer. Der Augenblick des Kontaktes ist beidseitig, es gibt keine Kausalität. *Intelligenz befindet sich in Kommunikation mit Intelligenz.*

Unsere Intelligenz ist nicht die höchste Stufe. Es gibt Ozeane von Intelligenz, in denen wir nur Teilchen sind. Intelligenz vermag sich an den

Ozean zu erinnern. Sogar das kleinste Teilchen enthält ein gewisses Maß an Intelligenz und ist Teil des Ozeans.

»Höhere Intelligenz« kann als ein Korrektiv für unsere menschliche Intelligenz erscheinen, weil Menschen annehmen, dass eine derartige Intelligenz viel weiter sehen und auch jenseits der Beschränkungen des persönlichen Selbst und dem Horizont seiner Wünsche blicken kann. Sie wird daher entweder mit Furcht oder mit Ehrfurcht betrachtet. Höhere Intelligenz kann gehasst, gesucht oder eher ignoriert werden. Das Dilemma ist immer, dass uns eine solche Intelligenz unseren Sinn eines Zwecks oder einer Bedeutung infrage stellt, und sogar unsere eigene Identität. Höhere Intelligenz mag uns Menschen vielleicht sogar für eine »Fiktion« halten.[5]

---

5   Abschnitt aus: *A Gymnasium of Beliefs...*, S. 324

Intelligenz und Geist

Es ist schwierig, aber für ein rechtes Verständnis notwendig, zu erkennen, dass Intelligenz nicht auf das Funktionieren der menschlichen Großhirnrinde begrenzt ist. Intelligenz ist in der Evolution des Lebens und des Sonnensystems als Ganzes am Werk. In gewissem Sinne ist sie »gerade in der Luft, die wir atmen«. Der vollen Ausdehnung und Tiefe der Intelligenz ausgesetzt zu sein, würde uns wahrscheinlich zerstören. Es ist der Wahrheit weit näher zu behaupten, dass unser »intelligentes Verhalten« nur eine mindere Manifestation einer universellen Intelligenz ist, als dass dieses Verhalten schlechthin der »Gipfel« der Intelligenz des Universums wäre. Wir haben mit allem Leben auf der Erde am Wirken der Intelligenz Anteil. In diesem Sinne haben wir nicht mehr Kontrolle über das Wirken der Intelligenz als es die Tiere haben.

Es gibt jedoch einen Unterschied zwischen unserer Situation und der der Tiere: Wir haben Zugang zu einer Intelligenz, die wahrhaft die unsere ist, wenn wir uns entscheiden, in Übereinstimmung mit ihren Gesetzen zu leben. Diese Intelligenz ist der Ausführende unserer individuellen Einzigartigkeit, des Willens, der durch das zu handeln vermag, was wir sind. Und genau das macht das Boshafte möglich.

Wenn wir Risiken eingehen und außerhalb der gewöhnlichen Konventionen leben, kann mit Sicherheit die kreative Intelligenz innerhalb des Arbeitens unseres Geistes freigesetzt werden. Aber es gibt in all dem keine Garantie, dass uns das Endresultat nicht vom Ganzen abtrennt, welches unsere Mitmenschen, Mitgeschöpfe und die spirituelle Einheit des Kosmos umfasst. Der Meister der Intelligenz kann Egoismus sein. Auf kurze Sicht kann das Wirken einer egoistischen Intelligenz eine enorme Stoßkraft entwickeln; aber auf lange Sicht führt das Zurückweisen von universeller Intelligenz – innerhalb derer wir alle gleich sind – zu einer entsetzlichen Isolation.

Die universelle und individuelle Intelligenz sind nicht zwei getrennte Dinge, sondern zwei Weisen, auf welche Freiheit in der bedingten Welt wirken kann. Das Einzelne und das Universelle sind Zwillingsmanifestationen eines ganzheitlichen Geistes.

Der Meister der Intelligenz ist das, was frei ist. Letztendlich schließt dies Freiheit von sich selbst ein.

Dem Bedeutungslosen Bedeutung geben

Intelligenz transformiert Bedeutungsloses in Bedeutungsvolles. In der Welt der Intelligenz ist nichts bedeutungslos; es ist alles Material, mit dem gearbeitet werden kann. Für menschliche Wesen ist die Konfrontation mit Bedeutungslosem das wirkungsvollste Mittel Intelligenz hervorzulocken. Intelligenz kann etwas Bedeutungsloses nicht ertragen. Unglücklicherweise sind die meisten Menschen sehr schwach darin, der Wucht des Bedeutungslosen zu widerstehen und geben sich mit Bündeln von Bedeutungsansätzen oder mit Bedeutungen in voneinander getrennten Schubladen zufrieden.

Intelligenz schließt vor keiner Schwierigkeit die Augen. Nichts wird eingeebnet. Eher springt sie in eine größere Welt hinein und verwandelt die Kraft des Gegensätzlichen in ein Element des größeren Ganzen.

Übliche Kriterien von »positiv« und »negativ« lassen sich nicht auf die Arbeitsweise der Intelligenz anwenden. Der Stress und der Lärm des Stadtlebens wird in eine meditative Energie transformiert. Schmerz wird zu einem Weg, den Körper zu verstehen. Moralisches Leiden wird ein Weg zur

Freiheit von der Persönlichkeit. Irrtümer werden zu einem Weg zur Wahrheit. Lügen werden zu einem Weg zur Sensibilität und Wahrnehmung. Tod wird ein Weg zu Leben. Ärger wird ein Weg zu Mitgefühl. Die Umkehrung des Negativen ist ein Hauptmerkmal der Intelligenz.

Höhere Intelligenz »liest« uns, wie wir ein Buch lesen, jedoch auf viel intensivere Weise, so dass jedes ihres »Lesens« ein Augenblick der Transformation ist.[6]

---

6   Abschnitt aus: *A Gymnasium of Higher Beliefs...*, S. 325

Das Bedürfnis nach Weiterentwicklung

Intelligenz drückt sich im Menschen als das Bedürfnis nach Weiterentwicklung aus. Die Evolution hat den Menschen mit einem Sinn für dieses Bedürfnis ausgestattet, der jedoch in den meisten Menschen inaktiv ist. Wenn er erwacht, gibt es kein Zurück. Wie auch immer die Situation eines intelligenten Menschen sein mag, er muss sich in dieser Situation weiterentwickeln und damit die Situation voranbringen. Tut er es nicht, »stirbt« er und muss in einer anderen Situation »wiedergeboren« werden. Intelligenz kann nur vorwärts gehen.

Kommunikation mit der Zukunft

Intelligenz ist eine Verbindung mit dem Muster der Zukunft. Dieses Muster ist zum einen die Verknüpfung von Entwicklungssträngen, die aus der Vergangenheit herrühren, zum anderen ein Ausdruck der großen Hoffnung, welche die Evolution des Lebens und des Menschen ermöglicht hat. Es handelt sich dabei um Muster schöpferischer Gelegenheiten, die im Ozean der Intelligenz verwoben sind wie flüssige Kristalle – voller Bewegung, dynamisch, mehr als nur lebendig.

In einer individuellen Erfahrung kann es ein solches Ahnen geben, worin die Zukunft des Menschen ihn dahingehend leitet, seiner Vergangenheit einen Sinn zu geben. So wie ein Lachs den Fluss hinauf schwimmt, schwimmen wir im Strom der Zukunft und treten dabei in die Vergangenheit ein.

Die schöpferische Zukunft erscheint im menschlichen Leben als unerwartete Impulse, als Träume, Visionen, als die Ahnung von »etwas mehr«. Diese sind mehr als nur Reaktionen auf die Vergangenheit oder Zufälle der Gegenwart.

Die Zukunft hat einen eigenen Zusammenhang, der weit über unsere Ordnungsvorstellung hinausgeht. Die Zukunft befiehlt ohne Gewalt, fragt ohne Zwang.

Die Menschheit hat eine Zukunft und wir gehören dieser einen Zukunft an. Schaut auf die Geschichte und die Evolution und seht, wie die Zukunft an der Vergangenheit zieht. Die schöpferische Zukunft befindet sich auf der Kehrseite von Furcht und Kleinlichkeit. Wir können diese Zukunft verwirklichen. Es gibt viel zu tun, denn es müssen Löcher im Universum durch kreatives Handeln gefüllt werden - intelligentes menschliches Handeln.

Wie die Situation des Menschen in Raum und Zeit auch immer beschaffen sein mag, Intelligenz arbeitet aus und mit dem, was dahinter liegt. Das Dahinterliegende ist eine Fülle, nicht von gegenwartsbezogenen Dingen, sondern von Dingen, die erst noch getan werden müssen, und zwar auf eine bisher noch nicht bedachte Art und Weise.

Die Vereinigung von Vision und Aktualität

Intelligenz kombiniert Vision und Aktualität ohne Kompromiss. Intelligenz arbeitet über das Unvorhersehbare. Sie macht aus dem extremsten Ideal eine praktische Realität und das Gegenwärtige höchst bedeutungsvoll, indem sie es befähigt, das Ideal zu realisieren. »...ich habe Jerusalem in der grünen und lieblichen Landschaft Englands gebaut.«[7] Menschen ohne Intelligenz sehen oft gar nicht, *dass* Jerusalem erbaut worden ist, oder glauben, Jerusalem sei immer dort, wo es einst gewesen ist.

Der übliche Gegensatz zwischen Idealem und Tatsächlichem wird nicht durch ein wunderbares *Fiat* aufgelöst, sondern durch die Arbeit der Intelligenz. Menschen, die in diesem Gegensatz steckenbleiben, vor der Tür zur Intelligenz stehenbleiben. Intelligenz beginnt mit dem Unmöglichen, nicht mit dem Wahrscheinlichen oder dem Ausführbaren.

---

7   Aus William Blakes *Milton.* William Blake war ein Vorfahre von Anthony Blake.., Anm. des Übersetzers.

Das Verschmelzen von Bedeutungen

Intelligenz ist ein Quantensprung von einer Bedeutung zu einer anderen. Hierin liegt der Grund, weshalb Intelligenz oft der Sicht verborgen bleibt. Sie scheint aus dem zu erwachsen, was schon festliegt. In Wirklichkeit ist es einfach so, dass Intelligenz auf natürliche Weise mit dem verbunden ist, was in der Vergangenheit, der Gegenwart und der Zukunft bedeutungsvoll ist. Sie schneidet die Vergangenheit nicht ab. Sie kann eine Bereicherung vergangener Ereignisse sein und zu gleicher Zeit der Beginn von etwas Neuem.

Wir sehen gewöhnlich nur eine Seite. *Nachdem* Intelligenz in uns gewirkt hat, rekonstruieren wir das Ereignis rückwärtig. Das Geschehene scheint sogar eine logische Konsequenz aus der Vergangenheit zu sein. In Wirklichkeit geschah, dass Intelligenz von einem neuen bedeutungsvollen Ansatz auf einen schon vertrauten übergesprungen ist. Wir sehen das neue Leben in dem vertrauten Bedeutungsansatz (in einem mathematischen Werk, in einem Gedicht, einer Idee, einer Theorie), aber den neuen Bedeutungsansatz selbst sehen wir nicht. Dieser neue Ansatz wird weiterwirken, jedoch unbewusst. Die bislang unbekannte Bedeutung inkarnierte in der bekannten, aber wir erkennen sie nicht wieder, haben allenfalls den vagen Eindruck, dass da »etwas anders ist«. So lassen wir uns entmutigen, vertrauen nur der wohlbekannten Form und verlieren den Glauben an die Möglichkeiten eines »Entkommens« oder eines Weitergehens. *Wir sind bereits weitergegangen. Wir müssen uns nur genauer erinnern.*

Das Fallenlassen des Unbrauchbaren

Intelligenz lässt alles fallen, was unbrauchbar ist: Ganz so, als ob das nutzlose Element zu existieren aufhöre. Das nutzlose Element kann ein komplettes Gesellschaftssystem sein; in diesem Fall wird die Energie und das Interesse abgezogen. Übrig bleibt nichts als eine Schale, die sich langsam auflöst und verschwindet. Für die, die an der Institution hängen, mag solch eine Auflösung ein schmerzhafter Prozess sein, und es mag sein, dass sie wie wild kämpfen, um den Status dessen aufrecht zu erhalten, wovon sie besessen sind. Sie können sogar soweit gehen, dass sie das zerstören, was Intelligenz verkörpert und Änderung mit sich bringt.

Das Gleiche kann sich in unserem Verstand abspielen: Angesichts seines bevorstehenden Todes wird das nutzlose Element ängstlich und wütend, oder es ringt darum, Aufmerksamkeit auf sich zu ziehen. Intelligenz an sich kennt keine Gnade. Gnade kommt von etwas noch Höherem und kann von einer Liebe inspiriert sein, die alle Dinge, sogar bis zum entlegensten Dunklen des Bedeutungslosen, zu umfassen sucht. Das ist nicht die Rolle der Intelligenz – sie muss voranschreiten.

In der menschlichen Geschichte bleiben die meisten Ereignisse unterhalb der kritischen Stufe des Bedeutungsvollen und verschwinden in der Entropie. Vom Traum der Herrlichkeit des Osimandis[8] bleiben nur unbekannte Ruinen im Sand. Und mit ihnen gehen die unumgänglichen Kämpfe und Leiden von unzähligen Menschen unter. Ivan Osokin[9] starrt auf die Straße und begreift, dass weder sein Tod noch sein Leben für den Verlauf der Ereignisse in irgendeiner Weise eine Bedeutung hat. Nicht die Mechanismen der Kriege, der Politik, der Ökonomie, Geographie oder ähnliches sind es, die für die Bedeutung ausschlaggebend sind, sondern Intelligenz. Wo Intelligenz gewirkt hat, ist eine lebendige Präsenz, die außerhalb gewöhnlicher Zeit existiert In einer persönlichen Linie der Arbeit muss man auf den Verlust bevorzugter Betrachtungs- und Verhaltensweisen vorbereitet sein.

---

8   Aus Stanley T. Celdridges *Kublai Khan*
9   Aus: P. D. Ouspensky, *Das seltsame Leben des Ivan Osokin*

Blockierungen der Intelligenz im Menschen

Es gibt Blockierungen der Intelligenz im Menschen. Diese sind mannigfaltig, jedoch offensichtlich.

Beispiele:

Illusion (falsche Anschauungen vom Wesen der Welt und von der menschlichen Natur, Phantasien über Kreativität, verdrehte Ideen über die Ursachen der Ereignisse im menschlichen Leben);

Selbstzweifel (falsche Demut, Pessimismus, »Kleingeist«, psychopathischer geistiger Masochismus, stümperhafte Innenschau, Mangel an positiven Idealen, billige Visionen);

Angst (Anhaften an das Bekannte, ängstliches Zurückweisen des Unbekannten, am momentanen Verstehensniveau kleben, nicht dazu bereit sein, Verantwortung für sich selbst zu übernehmen, Vermeiden von Hinterfragen und von Leiden, Mangel an Selbsterschaffung);

Gewöhnliche Sehnsüchte und Begierden (Zurückweisen von »nutzlosen Leidenschaften«, Haften an verlogenen Luftschlössern, kindische Vorstellungen von dem, was möglich ist, passives Akzeptieren des Niederen anstelle des Höheren, nutzlose Rastlosigkeit, das Wiederholen von Erfahrungen, mechanisches und tierähnliches Handeln, fehlende Macht über innere Energien);

Selbstzufriedenheit (das Erreichen des Gewohnten als Erfolg ansehen, das Abwerten der Welt, um sie der eigenen Kleinheit anzupassen, das Umgestalten der Realität, um sie dem Selbstbild anzupassen, Bequemlichkeit und Festhalten am Bestehenden, Vermeiden von »Schocks«, das Anhaften an Errungenschaften, Status und Rolle);

Herdeninstinkt (Unfähigkeit, für sich selbst zu denken, Passivität angesichts zufälliger umstandsbedingter Normen, Identifikation mit nichtmenschlichen Charakteristiken, gegenseitige Versklavung, pathetische Angst vor dem Alleinsein, Stagnation, in sich geschlossenes Denken);

Abwehrhaltung (das Flüchten vor Herausforderung, sich keine Blöße geben wollen, Negativität gegenüber wirklichem Fortschritt Anderer, Sentimentalität anstelle von Liebe, das Führen von Selbstgesprächen, die alles »in Ordnung erscheinen« lassen);

Faulheit (den Preis für das Angestrebte nicht zahlen wollen, der Aberglaube an ein vom Himmel fallendes Manna, sich auf andere verlassen, das Fehlen von Ausdauer, Taten durch Einbildungen ersetzen).

Beziehung zu materiellen Ressourcen

Intelligenz ist nicht begrenzt durch irgendwelche »Beschränkungen« von Ressourcen: Ob das nun Materialien oder Menschen sind, Geld oder Wissen oder sonst etwas. Sie kann immer etwas erreichen, egal wie wenig zur Verfügung steht. Hierfür gibt es zahlreiche Belege und für den Folgeschluss daraus auch: Ein Überfluss von Ressourcen ist jedoch keine Garantie für Intelligenz. Ein intelligenter Mensch kann aus einem Faden und einer Sicherheitsnadel eine Zeitmaschine herstellen. Das bedeutet keineswegs, dass irgendetwas mit Intelligenz willentlich bewirkt werden kann. Intelligenz befindet sich in Harmonie mit den Gesetzen und Strukturen des Universums und des Lebens. Es ist einfach so: In der Realität existiert mehr Flexibilität, als in unserem Denken. Es sollte auch beachtet werden, dass Intelligenz nicht schon definierte Probleme löst; sie erschafft ihre eigenen Ziele, der auftretenden Situation entsprechend.

Gleichgültigkeit gegenüber
vorübergehenden Zuständen

Intelligenz ist völlig gleichgültig gegenüber vorübergehendem Leid oder Glück. Diese sind Null in ihrer Gleichung. Deshalb geschieht es häufig, dass uns das Arbeiten der Intelligenz kaltblütig oder gedankenlos erscheint. Erst später wird dessen wahrer menschlicher Wert sichtbar. Bei der Entfaltung von Intelligenz ist es wesentlich, das Haften an kurzlebigen Befriedigungen und mechanisches Vermeiden von Schmerzen oder Schwierigkeiten zu überwinden. Das wird nicht durch Willensanstrengung erreicht, sondern indem man sie in der Gleichung der Intelligenz wie eine Null behandelt. Glück und Leid bleiben, aber ihre Bedeutsamkeit ändert sich. Besonders wichtig für den Menschen ist, seine Fixierung auf sein Leiden zu opfern. Leiden ist ein unvermeidbarer Faktor der Existenz und des Lebendigseins. Die Unfähigkeit Leiden zu verstehen, ist eines der Hauptzeichen für den Mangel an Intelligenz in der heutigen Welt.

Das Nichtvorhandensein von Sorge

Dort, wo es Sorge gibt, kann Intelligenz nicht arbeiten. Die Sorge macht zum Sklaven der Angst vor dem Nichtwissen. *Intelligenz weiß und weiß zugleich auch nicht.* Beides kann nicht am gleichen Ort und zur gleichen Zeit existieren. Solange ein Mensch es nicht schafft, sich von der Sorge zu befreien, bleibt das Wirken der Intelligenz aus seiner Gegenwart ausgeschlossen. Das heißt nicht, dass Stress, ein Gefühl von Dringlichkeit und die Last komplexer Anforderungen in irgendeiner Weise Barrieren für die Intelligenz bedeuten, obwohl diese häufig Ursachen der Sorge sind. Stress kann auch ohne Sorge existieren und mag sogar ein wesentlicher Bestandteil der Herausforderung sein, die Intelligenz weckt.

Die traditionelle Verknüpfung von Intelligenz und Muse ist bedeutsam. Intelligenz an sich hat nichts Eiliges, Stressiges oder Angespanntes. Intelligenz arbeitet in ihrer eigenen Zeit – also hat sie alle Zeit der Welt.

Intelligenz ist angesichts des unvermeidlichen Ablaufs der Ereignisse geduldig. Sie bindet sich nicht an unmittelbares Handeln, sondern lenkt eine angemessene Handlung, auch wenn sie dafür eine Wartezeit von tausend Jahren in Kauf nehmen muss und der von ihr gesäte Samen über Jahrhunderte keine Frucht trägt. Doch was als eine Tugend erscheint – Geduld – ist in Wirklichkeit eine Wahrnehmung vom Wirken der Dinge in einem Zeitmaßstab außerhalb des Gewöhnlichen.

Beteiligung ohne Verstrickung

Intelligenz ist keine bestimmte Handlungsweise. Sie kann darin bestehen, nichts zu tun, wenn alle Tendenzen dafür sprechen etwas zu tun. Sie kann sich im Schweigen oder im Protest ausdrücken. Dies kann mit einschließen, Himmel und Erde in Bewegung zu setzen oder still zu sitzen. Intelligenz verändert den Lauf der Ereignisse, ohne selbst ein Ereignis zu sein. Sie ordnet sich weder in Kausalketten ein, noch befindet sie sich im Bereich von Aktion und Reaktion. Deshalb wird das Intelligente normalerweise nicht wahrgenommen oder es wird mit etwas anderem verwechselt. In diesem Sinn ist Intelligenz dem Verstand, der sich mit dem Auftreten von Ereignissen beschäftigt, völlig unbegreiflich.

Das wahre Ziel

Intelligenz befindet sich in dem, was getan und erreicht wird. Sie manifestiert sich nicht in dem, was Außen sichtbar wird, weder in Gedanken noch auf Papier. Das Element des Offensichtlichen ist nur die Spitze des Eisbergs, denn letzten Endes entzieht sich das Arbeiten der Intelligenz dem Bewusstsein. Dies wird sichtbar in dem Unterschied zwischen einer mathematischen Rechenaufgabe und einem mathematischen Beweis. Das erstere kann von einem Computer ausgeführt werden und besteht aus eindeutigen Operationen im Ersetzen von Zeichen nach bestimmten Regeln. Der Beweis ist etwas anderes. Durch das, was in der Beweisführung ausgesagt wird, wird Intelligenz im Leser wachgerufen.

Intelligenz gehorcht keinen äußeren Kriterien der Folgerichtigkeit. Sie kann Aktionen hervorrufen, die zusammenhanglos oder widersprüchlich erscheinen, da sie in Begriffen der Einzigartigkeit jedes Augenblicks arbeitet. Sie benutzt das Material des jeweiligen Augenblicks und führt keine »Standard-Trickkiste« mit sich. Eine Gesamtaktion der Intelligenz kann eine Vielfalt von Handlungsvorgängen zusammenfügen; die Wichtigkeit irgendeines einzelnen Vorgangs jedoch kann nicht losgelöst vom Ganzen »gelesen« werden.

Ein Schritt in der Mathematik scheint das Verlassen irgendeines heiligen Kanons der Vorgehensweise mit einzuschließen, doch am Ende wird das Wesentliche dieses Kanons erhalten und belebt. Intelligenz ist wohl fähig, ihr Vorgehen in Begriffen der Logik, der wissenschaftlichen Methode und der Gelehrsamkeit zu erklären, ist aber mit deren niederen Standards und begrenzten Horizonten unzufrieden. Sie wird die Logik für ihre eigenen Zwecke einspannen! Alle bestehenden Denk- und Verhaltenssysteme werden in den Händen der Intelligenz einfach zu Werkzeugen und nicht zu Endzwecken. Intelligenz sieht, dass das, was in einem Augenblick angemessen, in einem anderen unangemessen ist, und handelt dementsprechend. Die äußere Erklärung, die im ersten Moment zutreffend scheint, versagt im zweiten. Dieses Versagen der Erklärung wird zu einer Kritik dieses Phänomens verdreht und so wird die Intelligenz als unbeständig, unlogisch, zufällig, usw. bezichtigt.

Für einen Musiker ist das Musizieren das, was getan werden muss, und nicht die gedankliche Reflexion über das Musizieren. Es ist eine allgemeine Charakteristik des Verstands, dass er primäre Aktivitäten mit sekundären verwechselt. *Das zu sehen, was notwendig ist, zu tun und worin dieses Tun besteht,* ist eine der Hauptcharakteristiken der Intelligenz. Jede gebräuchliche Einteilung oder Klassifizierung von Handlungen kann von Intelligenz beiseite gelassen werden. Sie ist sicherlich nicht abgeneigt, sich zu benennen und bekanntzumachen, aber sie wird dies angemessen und übereinstimmend mit dem tun, was wirklich benötigt wird.

Die Bedeutung auf den höchsten Stand bringen

Intelligenz hat im Wesentlichen damit zu tun, die Bedeutung in jeder Situation, in der sie wirkt, auf den höchsten Stand zu bringen. Die Möglichkeiten dazu, die sich der Intelligenz in jedem Augenblick eröffnen, sind unermesslich: Sie ist in Einklang mit der inneren Dynamik des Universums und der Geschichte. Intelligenz kann Fäden kreativen Potenzials mit verfügbaren Ressourcen und Umständen verknüpfen. Auf diese Art schafft, oder *verwirklicht* sie Bedeutung. Diese Leichtigkeit des Zugangs zur Dynamik des Universums und das Nichtvorhandensein von Illusion in Bezug auf die materielle Sachlage, befähigen Intelligenz ein Ausführender der Weiterentwicklung zu sein. Sie bewegt sich von einer Bedeutungskonzentration zur anderen, erweitert und vertieft dabei das, was wahrhaft bedeutungsvoll ist.

Ein intelligenter Mensch, zu Einzelhaft verurteilt, kann eine Konzentration der Bedeutung in Form eines Spiels mit einer freundlichen Spinne herbeiführen. Wie isoliert auch immer eine Handlung der Intelligenz erscheint, sie wird ein wesentlicher Teil des gesamten Musters der Intelligenz sein. Gegebenenfalls wird die Spinne trainiert, um Botschaften zu schicken.

Die materielle Lage der Dinge fesselt an Materielles oder an Dinge. Intelligenz hat nicht mit Dingen zu tun, sondern mit Bedeutungen.

Das Universum der Bedeutung ist die primäre Ökologie.

Tod und Auferstehung

Intelligenz ist mit Tod und Auferstehung verbunden. Damit Intelligenz auftauchen kann, muss das Alte verschwinden. Füllen wir etwa neuen Wein in alte Schläuche? Vor allem muss der Verstand aufgeben. Dies ist vielen schon halbwegs bekannt: Sie erkennen, dass neue Einsichten dann eintreten können, wenn der Verstand ermüdet ist und seinen Einfluss aufgibt. Sie erkennen den Funken, der im Wahnsinn, in der Ekstase, in Träumen, und auch in Visionen, die durch halluzinogene Drogen hervorgerufen werden, enthalten ist. Es ist aber nicht allgemein bekannt, dass der gewöhnliche Verstand absichtlich zum »Sterben« gebracht werden kann, indem man ihm den belebenden Geist entzieht. Der Zustand der Ruhe ist ein Tod des Verstands. Vielleicht ist er dem Schlaf sehr nahe; es muss jedoch ein traumloser Schlaf sein, wie etwa in der Nähe des Todes. In dieser Ruhe kann die Intelligenz den Verstand in einer inneren Vision auferstehen lassen: Es gibt einen »Auferstehungsleib« im menschlichen Geist.

Der Tod des Denkverstands kann schmerzhaft sein, denn er beinhaltet das Aufgeben seiner Leidenschaften und Gewohnheiten, seiner gewöhnlichen Aktivitäten und Bewegungen, die sich alle bemühen, fortgesetzt zu werden – die alle weiterhin »Ich« schreien.

Bei Beobachtung des Kopfverstands ist der Wille des Beobachters im Inhalt des gewöhnlichen Verstands gefangen, der die Kontrolle übernimmt. Das geschieht, wenn jemand nach wie vor ein *mentales Wesen* bleiben will, anstatt zu »sterben«.

Und wenn der Verstand stirbt, erscheint eine neue Welt in ungewöhnlicher Klarheit Damit all dies gründlich verläuft, ist es jedoch notwendig »gewissenhaft herabzusteigen«, wie Gurdjieff es ausdrückte. Jeder Schritt muss beobachtet und im Herzen geprüft werden. Wenn das Dunkle erreicht wird, muss die Beobachtung trotzdem aufrechterhalten bleiben.

Zur Lösung eines komplexen Problems, muss möglicherweise die eigene Denkweise oder eine Einstellung sterben. Vielleicht muss auch ein bestimmtes, sich überordnendes Kriterium aufgegeben werden. *Etwas* muss sterben. Wir haben es hier mit einer besonderen Art des Opferns zu tun: Es muss also ein echter Tod sein, der wirklich gefühlt, der bewusst wahrgenommen wird, jedoch *ohne ihn als etwas zu begreifen, das man tut.* Über den Tod haben wir keine Befehlsgewalt. Wir müssen uns ihm unterwerfen. Dies hat nichts mit Selbstmord zu tun! So mag ein Meditierender, der im Sterben liegt, Gott bitten, ihn zu trösten und in eine andere Welt zu führen; und die Kraft Gottes wird seine Auferstehung in einen glorreichen neuen Körper bewirken – um nochmals zu denken und zu handeln, doch nun mit einer größeren Vision.

Einfacher ausgedrückt: Intelligenz kann solange nicht arbeiten, bis für eine Person nicht alles gestorben ist, was sie bislang erreicht hat. Er oder sie muss frei sein, um wieder vollständig neu anzufangen. Das ist Auferstehung.

Genesis

Intelligenz kennt kein Ende, sie ist immer ein Anfangen, ein Verändern, ein Voranschreiten. Dies ist so, weil sie mit schöpferischen »Zukünften« in Verbindung steht und nicht mit Elementen der Vergangenheit. Dies stellt einen wertvollen Test für des Vorhandensein von Intelligenz zur Verfügung und eine Methode des Erinnerns, die Intelligenz wachrufen kann. Intelligenz ist völlig naiv und hat keine Vorstellung davon, dass es schon »bewährte Methoden« gibt, wie Dinge getan werden können. Verstehen ist zu langsam und zu fremd, um irgendwie hilfreich sein zu können. Intelligenz beginnt, um zu beginnen, immer hilflos und kindlich.

Daher ist Intelligenz fröhlich. »Neu ist der Tag jeden Morgen, wie mein Erwachen und Erheben« heißt es in einer alten Hymne.

Dabei gibt es keine Langeweile (aber Mühe wird es machen). Jeder Akt der Intelligenz erschafft einen Menschen neu, selbst wenn dieser es nicht weiß.

Eine sich selbst erneuernde Herausforderung

Intelligenz erschafft Selbst-Herausforderung. Die meisten sehen die Notwendigkeit einer Herausforderung, um Erwachen zu bewirken. Im Besonderen bei Gefahr, Intensität der Anforderung, Komplexität, Widerspruch, oder einem Hilfeschrei. Solche Herausforderungen wirken gewöhnlich durch äußere Umstände auf uns ein: Sie sind unserer Kontrolle entzogen. Was wir kontrollieren können, ist keine Herausforderung!

Die größte Selbst-Herausforderung ist in einem Gespür für die Notwendigkeit enthalten, einem Gespür, das ein deutlicher Ruf zur Intelligenz geworden ist. Dann ist ein Mensch nicht länger von Umstands-bedingten Zufällen abhängig, um die inneren Neuorientierungen herbeizurufen, welche für das Handeln seiner Intelligenz erforderlich sind. Bei einer wirklichen Herausforderung bleibt dem Menschen nur noch eins: Sich an seine Intelligenz zu wenden.

Gedanken, Formeln, Überzeugungen, Haltungen, Annahmen, Weltanschauungen - alle erweisen sich als unzureichend. Nichts außer Intelligenz wird es schaffen.

Also ist die sich selbst erneuernde Herausforderung vom Wesenskern her in der Intelligenz enthalten. Während man zu neuen Höhen emporgehoben wird, türmen sich noch höhere Gipfel über dem Horizont auf. Intelligenz kann nicht nur einfach oder zufrieden ausruhen. Ihre Anregungen werden Gefahren und Überraschungen hervorrufen und bringen einen mit dem Unerwarteten in Berührung. Intelligenz, die in einem Menschen wirkt, wird ihn auf Mängel, falsche Überzeugungen und Möglichkeiten zu neuen Errungenschaften aufmerksam machen, die dann ihrerseits Intelligenz auffordern, ihre Arbeit zu tun.

Um absichtlich in diesen Zustand zu gelangen, ist Intelligenz erforderlich!

Suchen und Infragestellen

Intelligenz ist etwas Suchendes. Es ist schwierig zu sagen, ob Intelligenz zur Suche führt oder die Suche zur Intelligenz. Immer, wenn ein Mensch eine Frage stellt, die sein Herz und seinen Geist öffnet, ruft er nach Intelligenz. Es ist jedoch die Intelligenz, die ihn befähigt, diese Frage zu stellen.

Der gewohnheitsmäßig arbeitende Verstand ist voller Antworten. Aus ihm kommen keine wesentlichen Fragen. Es gibt keine ausreichend kausalen Gründe für das Entstehen einer wirklichen Frage. Eine wirkliche Frage grenzt gleichermaßen an *Bemerken*, wie an Entscheiden oder *Verpflichten*. So bemerkt ein Mensch irgendeine Ungereimtheit in seinem eigenen Verhalten oder in einer Theorie und fragt: »Warum ist das so? Was bedeutet das?«. Damit verpflichtet er sich, alles zu untersuchen, um die Antworten ans Licht zu bringen. Genauso handelt ein intelligenter Mensch; der gewohnheitsmäßig arbeitende Verstand dagegen vermindert Ungereimtheiten und passt sie irgendwelchen bequemen Erklärungs-Kategorien an.

Galileo hat es schön erfasst, als er schrieb, »...Ich denke, das Altertum hatte sehr gute Gründe die ersten Erfinder der noblen Künste zu den Göttern zu zählen, da gewöhnliche Geister so wenig neugierig sind... Die Anwendung großer Erfindungen, durch kleine Hinweise angeregt, und das Denken, dass hinter einer elementaren und kindlichen Erscheinung bewundernswerte Künste verborgen sein mögen, entspricht nicht der Rolle eines trivialen, sondern eines übermenschlichen Geistes.«

Um Intelligenz zu erwecken, riet Shivapuri Baba, sich möglichst ohne Unterlass zu fragen: »Was ist die Bedeutung des Lebens?«[10] Es gibt auch die berühmte Methode des Ramana Maharishi: »Wer bin ich?« Solches Infragestellen ist ein Suchen nach Wirklichkeit, das wie eine Anrufung der eigenen inneren Intelligenz fungiert. Es muss sich dabei um wirkliche Fragen handeln, die vom ganzen Menschen gestellt werden und nicht bloß eine Aneinanderreihung von Worten sind.

Wenn wir fragen, wird die Antwort kommen. Und wenn wir alles Niedere zurückweisen, werden wir eine Antwort von Wert erhalten – wenn auch vielleicht in einer Form, die nicht erwartet wird.

Wirkliches Infragestellen verlangt feste Entschlossenheit, Unterscheidungsvermögen und Geduld. Wenn wir uns für eine Stunde auf eine wirkliche Frage ausrichten könnten, würden sich außergewöhnliche Veränderungen ergeben. So, wie die Dinge liegen, stellt der gewöhnliche Mensch eine Frage aus einer augenblicklichen Verkrampfung heraus. Er mag noch nicht einmal bemerken, dass

---

10 in: John G. Bennett, *Richtig Leben*, Xanten 2018

er nicht mehr derjenige ist, der die Frage stellt, oder dass sie einfach zu einem zyklischen Wirbelstrom in seinen Assoziationen geworden ist. Der Gewinn und Verlust von Realität beim Infragestellen benötigt sorgsame Beobachtung mit der Geduld, immer und immer wieder von Neuem anzufangen und die Handlung des Öffnens und des Suchens zu erneuern, die ein Beginnen von Intelligenz ermöglicht. Alle wirklichen Fragen gehen auf die ursprüngliche Suche eines potenziell intelligenten Individuums zurück: »Warum ergibt das alles keinen Sinn?« »Was ist die Wirklichkeit?

Spontanität

Intelligenz ist nichts Vorsätzliches im Sinne von Planen. Denken, Handeln und Wollen werden zu einem Ganzen: Es gibt kein Nacheinander von Denken und Handeln, kein Abwägen von Alternativen, kein Treffen einer Wahl, und auch kein Trennen der Person von ihrer Handlung. Intelligenz erscheint einfach im Leben. Plötzlich tritt in der Verwicklung in eine Situation eine neue Richtung der Absicht in Erscheinung. Da die neue Richtung möglicherweise zuerst nicht erkannt wird, besteht die Notwendigkeit von Disziplin, Aufmerksamkeit und Sensibilität, um es dem, was intelligent ist, zu erlauben, Raum zu gewinnen und die angemessene Entwicklung zu erschaffen.

Die Idee einer Absicht, die nicht ausgedacht oder mit einem mentalen Bild verbunden ist, mag seltsam erscheinen, ist aber wesentlich für ein Verständnis der Intelligenz. In den ersten Stadien des Auftretens der Intelligenz mag die neue Absicht eher als eine Stimmung, eine Verlagerung des Interesses, eine Verdichtung des Wünschens, eine Verlagerung der Objekte des Begehrens, usw. wahrgenommen werden, als wie etwas, das direkt mit dem Erreichen von Ergebnissen oder mit dem Aktivwerden zu tun hat. Intelligenz beeinflusst den ganzen Menschen, findet jedoch anfänglich in den Aspekten bei ihm Ausdruck, die am ehesten zugänglich und fähig zu Veränderungen sind. Daher kann Intelligenz mit dem Unbewussten in Beziehung gebracht werden, mit Träumerei und Traum, mit Halluzinationen und emotioneller Erregung, sexueller Aktivität und religiösen Gefühlen. Oft genug ruft Intelligenz einen Menschen aus einem Teil seines Inneren, den sein gewohnheitsmäßig arbeitender Verstand zu verachten gelernt hat; und da das Tor jeglicher Energietransformation und Bedeutungsverwirklichung *die Gegenwart* ist, besteht nicht gleichzeitig Raum für einen solchen Verstand und das Auftreten von etwas Neuem.

Die Struktur des Jetzt verändern

Der Anfang beginnt, wenn die Gegenwart verändert wird. Das Umstrukturieren des Jetzt ist keine Formgebung innerhalb der Zeit, sondern ein von Intelligenz hervorgerufenes Zusammentreffen der bedeutungsvollen Teile. Dort gibt es keine Bewegung, sondern es wird ein Zusammenhang innerhalb des gegenwärtigen Augenblicks wirklich.

Ganze Disziplinen der Intelligenz sind lediglich damit beschäftigt, Leute zu befähigen, an den Punkt zu kommen, an dem sie die Zeichen der Intelligenz erkennen und sich auf sie ausrichten können. Diese Disziplinen scheinen oft nichts mit Weiterentwicklung oder dem Erreichen von Ergebnissen zu tun zu haben, jedoch erfordert es Menschen von großer Intelligenz, um sie wirkungsvoll werden zu lassen.

Eine wirkliche Entscheidung treffen

Wenn Intelligenz arbeitet, wird es für einen Menschen möglich, wirkliche Entscheidungen zu treffen, die seinen Körper und Verstand zum Gehorsam gegenüber einer anspruchsvollen Aufgabe verpflichten. Solche Aufgaben scheinen unnötig anspruchsvoll zu sein, da sie mit den denkbar höchsten Standards und Zielen verbunden sind. Vielleicht ist es gerade diese Seite der Intelligenz, die am meisten gefürchtet wird, da sie unmissverständlich enthüllt, dass die höchsten Dinge im Bereich des für den Menschen wirklich Möglichen liegen, und hierbei den Wert aller gewöhnlichen Bestrebungen und Absichten, die nur allzu oft dem Status quo gewidmet sind, in Frage stellt.

Die Verschmelzung von Innerem und Äußerem

Intelligenz ist eine Verschmelzung vor Innerem und Äußerem durch etwas, das keines von beiden ist. »Inneres« und »Äußeres« sind wichtige Realitäten für jedes Wesen, ohne die es kein Wesen sein könnte. Die Unterscheidung von Innerem und Äußerem ist jedoch keine unveränderlich existierende Angelegenheit. Es hängt ganz und gar von der Art und Weise ab, wie man es sehen will.

Waren für Michelangelo der Meißel, der Hammer, der Marmor, die Idee im Marmor, seine Arme außen? Mit kreativer Arbeit verändert sich die Grenze von Innerem und Äußerem, löst sich auf, wird neu gebildet. Das »Ich« zum Beispiel, das glaubt »Ich denke«, ist ein Produkt der indogermanischen Grammatik, einer gesellschaftlichen Indoktrination von außen. Mit dem Voranschreiten im Meditieren beginnt man zu sehen, dass der eigene Verstand außen ist, und die eigenen Gedanken so persönlich sind wie die Wolken am Himmel.

Innerhalb des Arbeitens der Intelligenz kann das »Ich« alles und überall sein. Aber das geschieht nur dann, wenn der Kopf sich selbst überlassen wird.

Wesenskontrolle

Von der äußeren Erscheinung aus betrachtet, scheint arbeitende Intelligenz den einzelnen in einer Weise handeln zu lassen, die nicht »seiner Kontrolle« unterliegt. Er wird nicht fähig oder willens sein, Gründe für das, was er tut, zu finden und wird auf unerklärliche Weise seine Richtung ändern. Er wird nicht in der Lage sein, vorauszusehen, was er im nächsten Moment tun wird und auf welche Art und Weise. jedoch wird er auf eine Linie oder Richtung der Absicht gedrängt und sich weigern diese Linie aufzugeben, selbst wenn es ihm nicht so erscheint, dass er »weiß, was er gerade tut«. Wenn Intelligenz arbeitet, sind gewöhnliche Ansichten über Selbstkontrolle und Selbstbestimmung hoffnungslos unangemessen. Es besteht keine Notwendigkeit für ein »bewusstes Steuern« gemäß schon bereits vorbereiteter Pläne: Der Weg der Reise geht in kartographisch nicht erfasste Gebiete, und alle navigatorischen Hilfsmittel müssen im Verlauf der Reise entwickelt werden – so, wie sie benötigt werden. Wohingegen wir uns Kontrolle üblicherweise in folgender Art vorstellen: Ein Bild davon zu haben, wohin wir gehen, zu sehen, wo wir uns im Augenblick bewegen und Korrekturen vorzunehmen, um eine Richtung beizubehalten. Intelligente Kontrolle benötigt kein Bild, nicht einmal von halb festgelegten Bestimmungsorten, und keine umständlichen Techniken von Messung und Korrektur. Denn Intelligenz ist bereits am Bestimmungsort wie auch im Reisevehikel, und eine innere Kommunikation führt zu einer Verbindung, die an der Absicht gemessen wird.

All das ist möglich, weil Intelligenz nicht allein auf Vorgänge der äußeren Wirklichkeit reduziert werden kann, sondern in vielen verschiedenen Ebenen und Qualitäten der Existenz zu Hause ist, einschließlich vielleicht nicht konkreter Gegebenheiten, die genauso wirklich sind wie konkrete, aber gewöhnlich nicht wahrgenommen werden.

Gott und Egoismus

Intelligenz wird durch das kontrolliert, was »Gott« in uns ist. Dies mag das Wesen unseres wahren Selbst sein: Das »Ich«, das wahrhaft ganz ist, nicht ein bruchstückhaftes Muster des Denkens oder Fühlens, noch eine der vielen Persönlichkeiten, die in unseren Körpern herumspuken. Dieses »Ich« ist der Kern all unserer wirklichen Entscheidungen; und seinem Befehl, einmal in unserem Sein angenommen, muss bedingungslos gehorcht werden. Für sehr viele war die einzige, wirkliche Entscheidung, die dieses »Ich« getroffen hat, geboren zu werden.

Nur »Ich« kann Intelligenz kontrollieren. »Ich« kann sich selbst erlauben, wie ein Körnchen der Liebe oder Wahrheit zu handeln. »Ich« ist wahrhaft zu dem fähig, was wir »Glauben« nennen. »Ich« ist der reine Wille in uns, ohne Instrumente oder Gewahrsein zu benötigen, um zur Realität zu gehören. »Ich« ist unser Gott.

Und doch, Intelligenz kann durch Egoismus kontrolliert werden: Durch den Willen, der Realität für sich selbst in Anspruch nimmt und nicht sich selbst für die Realität. Dies ist der »boshafte Wille«. Und weil es jenseits aller Vernunftgründe zu liegen scheint, können sich die Menschen niemals selbst dazu bringen, seiner Realität ins Auge zu schauen.

Die Offenkundigkeit dieser destruktiven und boshaften Intelligenz ist überwältigend. Der angemessene Kampf um Individualität ist oft zur Gelegenheit für schreckliche Handlungen geworden. Man wird sich des Mangels an Bedeutung und der Absurdität gewöhnlicher Werte und Überzeugungen bewusst und findet Entlastung, indem man die Welt den eigenen Zwecken unterwirft. Das Boshafte, das getan wird, wird in dieselbe Welt hineinprojiziert, die dann verdient zu leiden! Diese Falschheit führt schließlich zur Selbstzerstörung, wenn nicht Hilfe gegeben und angenommen wird (wie Gretchen sie in Goethes Faust gab). Im Strom der schwierigen, jedoch gewöhnlichen Aufgaben ist das »Gottes-Kriterium« im höchsten Maße wichtig. Damit »Ich« die Intelligenz kontrollieren kann, muss das Eigeninteresse geopfert werden. Damit Egoismus Kontrolle ausüben kann, muss das Eigeninteresse zum Zentrum der Wertigkeit gemacht werden.

Da die meisten, auch die Intelligentesten, eine Mischung aus Ichbezogenem und Göttlichem darstellen, besteht eine wirkliche Notwendigkeit, sich immer zu fragen: »Was ist Gott für mich? Dient Ihm das, was ich tue?« Es mag sehr lange dauern, diese Fragen auf intelligente weise stellen zu lernen, und doch sind sie von überwältigender Wichtigkeit für den einzelnen und seine Fähigkeit zu intelligentem Handeln.

Individualität

Das Wirken der Intelligenz in einem Menschen muss ein Ausdruck davon sein, wer er ist. Man kann auch sagen, ein Mensch ist eine »Idee«, ein höherer Gedanke, und dass all seine Handlungen, Gedanken und Zustände Manifestationen dieser Idee oder dieses »Gedankens« sind; sind sie auch noch so verzerrt, sich gegenseitig widersprechend und vieldeutig.

Ein Mensch ist nicht sein Verstand, auch wenn er sich bis zum Zeitpunkt seines Todes und sogar darüber hinaus mit seinem Verstand identifizieren mag. Man erinnere sich an C. M. Broad, der von einem Kontakt mit einem Philosophen-Kollegen »aus dem Jenseits« berichtet, der immer noch Probleme der Erkenntnistheorie diskutierte!

Der Unterschied zwischen der Arbeitsweise des Verstands und der der Intelligenz ist in dieser Domäne so markant, dass er eine hervorragende Prüfung darstellt, um unser Unterscheidungsvermögen zu entwickeln. Die intelligente Handlung drückt uns als Ganzes aus. Die mentale Handlung kann nur eine Berechnung von Daten ausdrücken.

Wenn in einem Menschen Intelligenz erwacht, ist für ihn selbst und für andere in Frage gestellt, wer er ist. Dies ist besonders bemerkenswert, wenn der Mensch von der Wucht der Arbeitsweise der Intelligenz in seinem Verstand überwältigt worden ist, und er dann ein Gefühl von Verlust und einen Zustand der Leere und des Nichtwissens erfahren mag.

Die Frage nach *Wer*? ist eine erheblich andere als die Frage nach »Was« oder »Wie«? Nur durch Intelligenz ist es möglich, den Unterschied zu sehen; es gibt nichts, mit dem sich die Natur des Unterschieds erklären ließe.

Es geschieht eine eigenartige Umkehrung des gewöhnlichen Denkens: Anstatt in einer Welt zu leben, in der »Ich denke«, »Ich handle«, ist die Welt so, dass »Der, der ich bin, denkt«, »Der, der ich bin, handelt«.

Richtige Zeit, richtiger Ort, passende Menschen, geeignete Umstände

Intelligenz ist weder auf unsere Gehirne, noch auf den Grad von Individualität begrenzt, den wir mit fest umrissenen Körpern und einem Erinnerungsvermögen assoziieren. Sie kann durch Gruppen von Menschen innerhalb eines bestimmten Zeitraums wirken. Früher gab es den Begriff *Kairos*, um die »günstige Zeit« zu bezeichnen, in der bedeutsame Handlungen möglich waren. Falls geeignete Kombinationen von Menschen gegeben wären, würden sich Operationen der Intelligenz manifestieren und könnten wichtige Entwicklungsschritte gemacht werden. Nicht alle Zeiten waren gleichermaßen »reif« für Intelligenz. Eine andere Überlieferung deutet an, dass durch das Zusammenkommen bestimmter Kombinationen von Menschen Intelligenz unter ihnen hervorgerufen werden könnte.

Als Beispiele könnte man die Wissenschaftler der Universität in Göttingen der 1920er Jahre oder das Bauhaus in Weimar als Zentren des Wirkens von Intelligenz bezeichnen. Es gibt indes viele andere Beispiele im nicht sichtbaren Bereich der Kunst oder der Wissenschaft, aber auch viele Beispiele von Gruppierungen, die nicht erfolgreich waren.

In der Sufi-Tradition wird vorausgesetzt, dass die Tätigkeit der Intelligenz entsprechende Zeit, Ort, Leute, Umstände erfordert Es wird auch behauptet, dass es in allen Menschen »etwas« gibt, das sie befähigt, instinktiv das, was »angemessen« ist, zu empfinden. Ein Teil dieser Empfindung manifestiert sich in der Faszination, die das Zufällige auf beinahe alle Menschen ausübt. Denker wie C. G. Jung und John G. Bennett haben versucht sich mit dem Bereich der »Synchronizität«[11], auf derselben Grundlage auseinanderzusetzen, auf der auch die Kausalkette der Naturwissenschaften basiert.

Dabei bleibt das Problem bestehen, dass im Synchronen immer ein Element der *Einzigartigkeit* enthalten ist und gerade diese Einzigartigkeit verleiht dem Ereignis Bedeutsamkeit.

Zufall ist das erste Zeichen einer inneren Resonanz zwischen äußerlich nicht verbundenen Dingen. Was als »reiner Zufall« erscheint, kann der Schleier sein, der eine verborgene Absicht der Intelligenz verdeckt. Der Mensch lässt in seinem Leben das Zufällige sich auswirken, verfehlt jedoch häufig das Wirken der Intelligenz in dem zu sehen, was geschieht. Es mag seltsam erscheinen über intelligentes Handeln zu sprechen, ohne dass dieses von demjenigen bewusst erkannt wird, durch den die Intelligenz arbeitet. Diese Verwirrung jedoch entstammt zum großen Teil dem

---

11 Siehe: Carl-Gustav Jung und Wolfgang Pauli, *Synchronizität*. John G. Bennett, *The Dramatic Universe, Vol. III*

mangelnden Verstehen des bruchstückhaften und unzusammenhängenden Zustandes des gewöhnlichen Menschen. Überdies, würde nicht wenigstens *etwas* Intelligenz in unserem Leben arbeiten, würden wir rasch sterben oder verrückt werden. Oft sind unser Anhaften an unbegründeten Überzeugungen und unser verzerrter Beurteilungsapparat gerade das, was es der Intelligenz ermöglicht, ohne Einmischung von »guten Absichten« und »dem Willen zu kontrollieren« zu arbeiten.

Die Auswirkungen unbehinderter Intelligenz können, wenn sie zur richtigen Zeit, am rechten Ort, mit den passenden Menschen und unter geeigneten Umständen zusammentreffen, ein Erwachen hervorrufen, das mit dem wahren Wohl der Beteiligten und ihrer Umgebung in Einklang ist. Durch denselben »inneren Sinn« werden die beteiligten Menschen wissen, welche Art von Opfer von ihnen verlangt wird - und dieser Sinn sollte in jedem geweckt werden.

Das Erwachen von Intelligenz in Gruppen wird immer begleitet von einer besonderen Lebendigkeit des Sinnes für Zeit, Ort und Umstände. Weiterhin werden Einzelne, die am Ereignis teilnehmen, eine Lebendigkeit der Individualität erlangen, die es ihnen ermöglicht, besondere und einzigartige Beiträge zum Ganzen zu leisten; Beiträge, die durch irgendeine »innere Notwendigkeit« zusammengebunden zu sein scheinen.

In diesem Bereich ist es jedoch notwendig, jedwede Verbindung von Intelligenz mit gewöhnlichen Ideen über »Denken« und »Ideen haben« fallen zu lassen. Ebenso ist es notwendig, gewöhnliche Unterscheidungen im Sinne von Status, Stand oder Wichtigkeit der Einzelnen und ihrer Aktivitäten ins Bedeutungslose zu verbannen.

Der »Leitende« wird zum verwaltenden Diener oder Clown, der »Lakai« zur Quelle der Inspiration.[12] Rollen werden vertauscht und auf den Kopf gestellt, nicht etwa durch den Austausch von Etiketten, sondern im Sinne einer lebendigen Dynamik des Ereignisses.

---

12 aus Hermann Hesse, *Morgenlandfahrt*.

Eine Quelle der Störung

Die Wirkung der Intelligenz hat in ihren Zentrum das, was unvorhersehbar ist. Dem außenstehenden Beobachter mag das, was geschieht, störend oder sogar erschreckend vorkommen. Diejenigen, deren Aktionen durch Intelligenz hervorgerufen werden, erscheinen oft rätselhaft, irrational, bizarr oder seltsamen Zwängen unterworfen. Intelligenz bedeutet den Durchbruch des Unbekannten und Veränderungen in der Wirklichkeit des Bekannten.

Intelligenz ist für jene »unvernünftig«, für die die *Notwendigkeit*, dass sie antwortet, unsichtbar ist. Sie kann Furcht auslösen, aber auch genauso ein liebevolles Annehmen herausfordern, so dass in denen, die zum Leiden bereit sind, der Prozess der Veränderung wachgerufen werden kann. In der Tat ist jede bewusste Annahme des »Undenkbaren« ein Beitrag zur Entfaltung der Intelligenz. Diejenigen, die sich auf diese Weise schulen, können lernen, andere als eine nahezu unerschöpfliche Quelle von störenden Faktoren zu nutzen, da die anderen unglaublich sind.

Formen der Entstehung

Intelligenz ist vielfältig in ihren Manifestationen: Sie kann durch das Entwickeln einer kreativen Explosion oder durch eine stille, fast unbemerkte Steigerung von Potential für die Zukunft wirken. Es gibt viele andere Arten von Manifestationen, aber die Letztere ist außerordentlich bedeutsam, weil sie die am meisten Vernachlässigte ist. Oft genug, während die Mehrheit sich nur um den Mangel an Fortschritt oder Veränderung kümmert und sich in einem Zustand ständiger Rastlosigkeit und vergeblicher Anstrengungen hält, wird der intelligente Mensch gelassen bleiben und sich des inneren Arbeitens bewusst sein, das schließlich in einem wiederzuerkennenden Ansatz der Bedeutung zum Vorschein kommt.

Für den einzelnen könnte sich diese verborgene Zunahme von Potential als die schwierigste Angelegenheit erweisen, die er mit sich in Einklang zu bringen hat. jedoch ist es fast allgemein bekannt, dass Zeiten scheinbarer Leere und Richtungslosigkeit im Leben eines Menschen oft nur der Schleier sind, der über etwas Neuem liegt, das gerade geboren wird. was einmal in der Vergangenheit funktioniert hat, erweist sich als nicht mehr angemessen oder als ein Hindernis für zukünftige Entwicklung.

In der Zeit von *Acedia*,[13] wenn »der Geist trocken ist«, bindet und nötigt die alte Konditionierung (die durch Aufregungen und Anstrengungen aufrechterhalten wurde) nicht länger. Das heißt nicht, dass Trockenheit, Leere oder Richtungslosigkeit von sich aus irgendeine Bedeutung haben. Der Mensch muss seinem inneren Sinn für Pflicht gehorchen – das tun, was notwendig ist und das vermeiden, was nicht notwendig ist – so dass eine neue Art des Lernens und der Entwicklung stattfinden kann. Die intelligente »Saat« benötigt einen künstlichen Nährboden für ihre korrekte Entwicklung, wenn auch all dies keine Ähnlichkeit mit dem haben mag, was für einem Menschen verstandesmäßig oder gefühlsmäßig bedeutsam ist.

Ein berühmtes Beispiel dieser Zunahme von Potential ist der Curé d'Ars, der viele Jahre lang vergeblich, unter großem moralischen Leiden an seiner mangelnden Fähigkeit, Latein studierte. Jedoch war es gerade dieser standhafte Eifer und seine *Art und Weise* keinen Beweis seines eigenen Stumpfsinns vermeidend und sich keine Entschuldigungen für leicht zu rechtfertigenden Misserfolg erlaubend– woraus eine außerordentliche Kraft des Zuhörens resultierte, die vielen Tausenden von Menschen zugute kam, während sie bei ihm beichteten.[14]

---

13 *Acedia* ist ein Ausdruck der christlichen Spiritualität und bezeichnet eine Haltung, die sich „gegen Sorge, Mühe oder Anstrengung wendet" und darauf „mit Abneigung, Überdruss oder Ekel" reagiert.
14 Beschrieben von Simone Weil in: *Warten auf Gott*

Allzu oft achten Menschen mehr auf das, was getan wird, als auf die Art und Weise, in der es getan wird. Sensibilität für die Art und Weise ist ein Maß der Intelligenz, da Intelligenz benötigt wird, um Intelligenz zu erkennen. In Anbetracht dessen, werfen diese Betrachtungen Zweifel auf die Wirksamkeit von Zukunftsforschern, die aus den Trends von »Heute« das «Morgen» ableiten, ohne die Qualität der Intelligenz zu berücksichtigen, die sie informiert.

Der Kern der Evolution

Intelligenz ist evolutionär. Es gibt viele nützliche bildhafte Beispiele vom Wirken der Intelligenz in der Evolution des Lebens und des Menschen. Daraus ergibt sich unmittelbar eine Schwierigkeit in der Art und Weise, wie im gegenwärtigen Denken die meisten die Evolution verstehen und begründen. Die mechanische Doktrin vom »Überleben des Stärkeren« steht in keiner Verbindung zur Intelligenz und wird absichtlich jeder Erklärung in Begriffen der Intelligenz entgegengestellt. Die Verfechter der Überlebensdoktrin streiten die Evolution als einen Aufstieg zu etwas Höherem schon deshalb kategorisch ab, weil die Vorstellung von »Höherem« für sie keine Relevanz besitzt. Die Doktrin verlagert die Aufmerksamkeit von der Evolution der Lebewesen auf ihre Umgebung und ihre Wechselwirkung mit der Umgebung. Auf die gleiche Art und Weise sucht man nach Erklärungen für die Wirkungen der Intelligenz in Form von Umwelteinflüssen (die mit Modellen aus rein zufällig in den Köpfen der Menschen entstehenden Einfällen einhergehen).

Die Doktrin vom Überleben des Stärkeren erklärt die Umgebung zur wertenden Instanz, die ihre Bewohner durch unerbittliche Mechanismen auswählt. Den Möglichkeiten der Intelligenz, die vom Inneren einer Gattung aus arbeitet, um Entwicklungsmöglichkeiten zu erschaffen, welche mit zukünftigen Ereignissen und mit den Entwicklungen anderer Gattungen verbunden sind, die nicht unmittelbar im räumlich-zeitlichen Kontakt stehen, wird keinen Glauben geschenkt.[15]

---

15 Eine Ausnahme, die der Autor nennt ist Alister Hardy *The Living Stream.* Der Herausgeber und Übersetzer dieses Buches, Bruno Martin, kann in diesem Zusammenhang auf sein Buch *Intelligente Evolution* verweisen, in dem die mechanistische Sichtweise widerlegt und eine kreative Intelligenz als Motor der Evolution dargestellt wird.

Die Rolle des Opferns

Intelligenz steht in Kommunikation mit Intelligenz. Und die Sichtweise, die ein intelligentes Universum zu Grunde legt, hat keine Schwierigkeiten, in Lebensformen inkarnierte Intelligenz zuzulassen, die, wenn es darauf ankommt, gewillt sind, ihren Existenzanspruch zu Gunsten geeigneterer Mittel der Transformation aufzugeben. Die Gesetze der Intelligenz sind genauso unveränderlich, wie die der Mechanik und der bedingten Existenz; und doch spotten sie so sehr dem gewöhnlichen Denken, dass Letzteres die Vertreter der Intelligenz als Todfeinde ansieht. In einem gesagt: Die Evolution arbeitet »durch das Opfern des Kostbarsten«.

Intelligenz erfordert Opfer, insbesondere das Opfern falscher Götter und Illusionen; eine Art des Opferns, die, bevor sie gebracht wird, mehr zu verlangen scheint als die Hand ins Feuer zu legen oder das Leben selbst aufzugeben.

Intelligenz beinhaltet eine Methode des kalkulierten Opferns (in einer anderen Terminologie: »die Pille des schlauen Menschen«).[16] Es gibt eine Objektivität über die Kosten, die mit der Weiterentwicklung verbunden sind.

---

16 Ein Ausspruch von G. I. Gurdjieff, zitiert in P. D. Ouspensky *Auf der Suche nach dem Wunderbaren.*

Das Prinzip des Opferns ist die höchste Ordnung der Ökonomie. Für etwas von unbekanntem Wert, muss das Wertvollste gegeben werden. Demzufolge muss all das, was mit den Errungenschaften und Werten der Vergangenheit verbunden ist, aufgegeben werden, wenn die neue Ebene des zu Erreichenden und neue Werte der Zukunft verwirklicht werden sollen.

Selbst bei unseren weltlichsten Bestrebungen wissen wir instinktiv, dass Evolution die Richtung vorgibt, die uns »nicht weniger als alles« abverlangt. Der Intelligenz liegt eine offensichtliche Ökonomie zugrunde, deren krasser Realität wir selten ins Auge sehen. jeder evolutionäre Schritt kostet uns alles, was wir haben.

Selbstverständlich lernen wir, dass es so etwas wie Auferstehung und das Paradies gibt. Um des Eintretens in das Höhere willen, muss aber selbst auch das Paradies geopfert werden.

Originalität

Intelligenz ist eine Angelegenheit des Neuen im menschlichen Leben; jedoch mag es dem wahrhaft Neuen in den Augen derer, die nicht die Bedeutsamkeit der Ereignisse sehen, an Originalität mangeln. Die Originalität der Intelligenz ist eine Originalität, die vom Standpunkt der gesamten Situation aus gemessen werden muss. Es geht nicht einfach darum, eine neue Idee zu haben. Die betreffende Idee mag durchaus in einigen Anwendungen gut bekannt sein, doch nur Intelligenz sieht ihre potenzielle Bedeutsamkeit in gewissen noch nicht bedachten Umständen.

Intelligenz ist auch nicht begrenzt auf »Ideen haben.« Wichtiger ist, wie wir im Leben handeln.

Ein Mensch kann zu einer wichtigen Erkenntnis und dem Verständnis eines bestimmten Grundzuges menschlichen Lebens gelangen, zu dem schon Tausende vor ihm gekommen sind. Und doch ist sein Voranschreiten eine wahre Neuerung und ein Beitrag zur menschlichen Entwicklung, auch wenn es auf niemanden, außer auf ihn, einen Einfluss auszuüben scheint.

Oft genug wird das Aufglimmen von Intelligenz aufgrund romantischer Ideen über die Natur der Originalität unterdrückt, die voraussetzen, dass nur radikal neue Aussagen und Entdeckungen als

»originell« erachtet werden können. Wahre Originalität ist das Dämmern der Intelligenz, auch wenn den äußeren Erscheinungen nichts Bemerkenswertes oder Auffallendes geschehen sein mag.

Objektivität der Absicht

Intelligenz scheint einen Instinkt dafür zu haben, was sich als bedeutsam und nützlich erweisen wird. Das kommt daher, dass sie schon in Kontakt mit der Zukunft ist und an den Entscheidungen teilnimmt, die der Zukunft in Bezug auf eine Weiterentwicklung eine einheitliche Bedeutung verleiht. Intelligenz folgt unsichtbaren Pfaden der Bedeutung und Absicht. Sie ist an die Richtung des Universums angeschlossen und weiß um dessen Wie und Warum. Das allgemein vorherrschende Bild einer zufallsbedingten Kreativität ist vollkommen falsch. Die meisten »kreativen Individuen« sind mit Sicherheit in ihrer eigenen subjektiven Wahrnehmung gefangen und völlig davon überzeugt, »Ideen zu haben« oder »spontan zu sein«, weil sie das Muster nicht sehen, zu dem ihre Kreativität gehört Dieser Mangel des Sehens führt schließlich zu einer Abspaltung von der Dienstbarkeit der Intelligenz: Das Resultat ist ein Rückgang oder ein Versiegen der Kreativität.

Die Idee, dass Kreativität etwas "Verrücktes" hat, ist wichtig. Kreativität beinhaltet, Regeln zu brechen, egal wie wir unter gegebenen Umständen Regeln interpretieren.

Weiterentwicklung jetzt

In der Intelligenz findet eine Weiterentwicklung jetzt statt. Das Wirken der Intelligenz liegt innerhalb des gegenwärtigen Augenblicks, doch der gegenwärtige Augenblick muss groß genug sein, um dieses Geschehen zu ermöglichen, oder offen genug, um mit einer wirkenden Intelligenz, die einen Einfluss ausüben kann, in Kommunikation zu treten.

Es ist sehr wichtig, Weiterentwicklung nicht als eine Serie von Verbesserungen zu betrachten, die in der Zeit aufeinanderfolgen. Weiterentwicklung wird durch intelligentes Wirken ermöglicht, das innerhalb von Konzentrationen von Energietransformation arbeitet, die wir Gegenwart, Gegenwärtigsein und gegenwärtiger Augenblick nennen. Intelligenz ist frei vom Glauben an ein Morgen, in dem Dinge erreicht oder verwirklicht werden: Alles, was zu tun ist, muss jetzt getan werden - oder gar nicht.

Intelligenz ist die Dimension der Weiterentwicklung innerhalb der Gegenwart. Sie ist weder auf die Zeit noch auf das Zeitlose ausgerichtet. Subjektiv wird sie wie ein inneres Drehen oder Wirbeln erfahren, das zwischen den langsameren und den schnelleren Welten arbeitet. Dieses Drehen verwandelt das Selbst in ein Gyroskop, das seine eigene Stabilität innerhalb des Stromes von Energien und Einflüssen aufrechterhält.

Es bleibt die Frage, ob »Zeit« schneller oder langsamer »fließen« kann. Vielleicht wird diese Idee verständlicher, wenn wir an das Tempo von Informationsverarbeitung denken. Subjektiv erfahren wir unterschiedliche Geschwindigkeiten. Wenn wir in einem Zustand der Kreativität sind, scheint das Tempo beschleunigt. Das hat manche zur Ansicht geführt, dass Zeit überhaupt nicht einheitlich ist, sondern sich entsprechend der Informationsneuigkeit verändert.[17]

---

17 Der letzte Abschnitt ist ein Gedanke im Buch *A Gymnasium of Beliefs...* , S. 38

Beschleunigung

Intelligenz bringt Beschleunigung mit sich. Sie bewirkt ein Heraufschalten in höhere Gänge. Die aufeinanderfolgenden Stadien bewegen sich mit dem Vordringen in die Dimension der Weiterentwicklung entsprechend schneller. Beschleunigung ist eine unvermeidliche Manifestation der Ausdehnung in eine höhere Dimension. Es ist die äußere Manifestation des gleichen Prozesses, der sich im Innern als »Drehen« manifestiert.

In der Praxis ist es schwierig, zwischen den Phänomenen der aufgeregten Produktivität und jenen der echten Beschleunigung zu unterscheiden. Das erstere ist ein gemeinsames Vermächtnis von Einfallsreichtum, Umformung, ja sogar gewöhnlichem Enthusiasmus. Dabei besteht keine zwangsläufige Verbindung mit Intelligenz. Wahre Beschleunigung ist eine Sache von Quantensprüngen, von Unregelmäßigkeiten in der Struktur einer Situation, die ein zunehmendes Tempo der Veränderung kennzeichnen.

Veränderung ist unvermeidlich und alltäglich. Es ist zu erwarten, dass Intelligenz sich durch Änderungen im Tempo der Veränderung manifestieren wird, da es gerade diese Art der Änderung ist, die sich nachweisbarer Beobachtung zur Verfügung stellt. Dies bildet ein einfacheres Faktum, das durch Beurteilungen der Veränderung in Qualität oder Ebene vermittelt werden kann.

Es gibt natürliche Geschwindigkeiten der Veränderung oder Geschwindigkeiten von Aktivitäten, die der Konstruktionsweise des Menschen und anderer Wesen eigen sind. Es gibt zum Beispiel eine charakteristische Geschwindigkeit des Denkens für jedes Individuum oder jede natürliche Gruppierung menschlicher Wesen. Nur sehr wenig kann unmittelbar getan werden, um diese Grundgeschwindigkeit zu ändern. Dennoch findet Intelligenz Wege, um den Effekt der Beschleunigung zustande zu bringen. Intelligenz kann in einen höheren Gang schalten, d. h. in eine höhere Ebene des Wirkens, auf der Verbindungen viel schneller geknüpft werden können. Über solche Verbindungen muss letzten Endes mit gewöhnlichem Denken nachgedacht werden; dies kann jedoch solange warten, bis das Ereignis des »wirklichen Denkens« fast beendet ist. Über die Beweise jenes enormen und unglaublich schnellen, genau rechnenden, analogen und heuristischen Apparats, der außerhalb des normalen Bewusstseins zu arbeiten scheint, wird oft berichtet. Nicht so häufig wird verstanden, dass dieser Apparat – der eine Widerspiegelung der Intelligenz in den physischen Strukturen des Gehirns, in Verbindung mit anderen physiologischen Strukturen und Systemen des ganzen Körpers absichtlich eingeschaltet werden kann, indem der mentale Apparat aus seinem niederen Gang herausgenommen und in einen höheren geschaltet wird. Nur Intelligenz

kann willentlich den Gang wechseln! Unter gewöhnlichen Umständen werden solche Veränderungen, wie sie eben geschehen, von zufälligen
Schocks verursacht, in denen der Wechsel des
Gangs den einzelnen so überwältigen kann, dass er
oder sie wie in einem Schockzustand mit den
damit verbundenen Persönlichkeitsveränderun-
gen handelt. Solche Veränderungen gehen mit den
Veränderungen im Energiesystem einher, so dass
normale Müdigkeit und die Mechanismen der
Zerstreuung keinen Effekt mehr haben.

Die Realität der Verschiedenartigkeit

Der Aspekt der Berechnung höherer Gänge beinhaltet sowohl radikale Änderungen der Qualität wie auch der Quantität: Völlig verschiedene Sorten von Daten können unmittelbar überblickt und verarbeitet werden, anstatt diese Daten künstlich auf die gleiche Sorte zu reduzieren, wie es der Vorgehensweise des gewöhnlichen Verstands entspricht. Demzufolge würde zum Beispiel der gewöhnliche Verstand Werte so behandeln, als seien sie materielle Fakten. Selbst wenn eine echte Unterscheidung getroffen wird, lässt sich mit den Daten dieser beiden Bereiche, die in starrer Trennung gehalten werden, nicht weiterarbeiten. Für den gewöhnlichen Verstand gibt es keinen Weg, Fakten und Werte zusammen zu berechnen, ohne dass er etwas von der essenziellen Natur des einen oder anderen oder von allen beiden reduziert. Intelligenz jedoch bietet der Berechnung beider Arten von Daten Raum. Dies überrascht nicht, da ja die essenzielle Arbeit der Intelligenz in der Verwirklichung von Werten unter materiellen Umständen besteht.

Ebenso kann Intelligenz auf ähnliche Weise mit Fiktivem und Tatsächlichem umgehen. Sie kann mit Daten aus jedem der beiden Bereiche arbeiten; und während sie alles das beibehält, was in der Unterscheidung beider essenziell ist, kann sie hinter den augenscheinlichen Unterschieden auf eine innere Einheit und eine gegenseitige Bedeutung blicken. Diese Behauptung wird durch die Arbeit jedes großen Historikers und wichtigen Romanciers oder Schriftstellers untermauert. Liegt die Realität Griechenlands in der Archäologie der Steine oder in den Tragödien des Aischylos und Sophokles? »Griechenland war die Wiege der abendländischen Zivilisation« ist eine Fiktion, die mehr als tausend Jahre gut gedient hat, jedoch jetzt der Änderung in eine bedeutungsvollere Darstellung bedarf. Diese bedeutungsvollere Darstellung muss ebenso genau wie auch ein wirkungsvollerer Anreiz für die Vorstellungskraft der Menschen sein.

Die Anpassung der Intelligenz an ein umfangreicheres, verschiedenartigeres Universum der Information verleiht ihr Kräfte, die denen der gewöhnlichen mentalen Vorstellung» weit überlegen sind. Auf diese Weise ist es relativ einfach zu sehen, dass Intelligenz schnelle Schritte machen kann, wohingegen Denken langsam weiterstapfen würde. Je größer der Freiheitsgrad, um so höher die Dimension des Denkens und um so unvermeidlicher die Manifestationen der Beschleunigung.

Kontrolle der Komplexität

Eines der Zeichen der Weiterentwicklung ist die zunehmende Kontrolle über Komplexität, einer Kontrolle, die nicht durch Reduzierung und Eliminierung der Komplexität gelingt, sondern durch fortschreitende Eingliederung. Mehr und mehr werden unabhängige Zentren der Bedeutung zu einer gegenseitigen Erhöhung und Bedeutsamkeit zusammengetragen; mannigfaltige Ebenen des Denkens, Handelns und Entscheidens entwickeln und transformieren sich ineinander übergehend. Sich immer erweiternde Grade an Freiheit in Strategie und Taktik kommen zum Vorschein. Solche Dinge geschehen nicht Schritt für Schritt, sondern sind ein Prozess der geistigen Bereicherung, der dem gegenwärtigen Augenblick entstammt. Eine wichtige Entscheidung, die zu treffen ist, muss *jetzt* getroffen werden.

Die Wahrnehmung der Verbindung zwischen Weiterentwicklung und Meisterung der Komplexität hat viele dazu gebracht, Techniken und Ideen zur Erweiterung der Komplexitätskapazität des Gehirns zu erforschen und zu entwickeln. Die daran beteiligten Mittel sind oft selbst Ausdrucksformen der Intelligenz, werden jedoch auch oft für die eigentliche Substanz der Intelligenz gehalten, die sie hervorbrachte, anstatt für deren äußere Form. Der wichtige Unterschied ist, dass Intelligenz den

Menschen an einen Punkt führt, an dem er die inneren Entscheidungen und Verpflichtungen zu sehen beginnt, die er zu tun aufgefordert ist, um sich in seiner eigenen Situation weiterzuentwickeln. Dies schließt die Weiterentwicklung in seiner Begegnung mit der Komplexität mit ein. Eine gewisse Fertigkeit und ein Verstehen gehören auch dazu, denn ein einfaches Ausdehnen des Verstands durch Beteiligung an komplexen Informationen mag nur von einem Teil des zum Zweck der Selbstevolution zur Verfügung stehenden Energieapparates Gebrauch machen, und dadurch wird die Weiterentwicklung der Meisterung der Komplexität schwinden.

Letztendlich formt Intelligenz ihr eigenes »Intelligenz-Ereignis« oder den gegenwärtigen Augenblick. Subjektive Erfahrung mag das Ereignis in getrennten Aktivitätsabschnitten darstellen, jedoch sind Einzelne fähig zu erkennen, dass das, was geschieht, ein periodischer Wiedereintritt in das gleiche Ereignis ist, erkennbar an seinen charakteristischen Qualitäten und seinem »Drehen«.

Chaos und Zerstörung

Intelligenz hat eine seltsame Verbindung zu Chaos und Zerstörung. Wenn wir auf die Geschichte der Menschheit zurückblicken, können wir zahllose Beispiele von Weiterentwicklungen finden, die Nachwirkungen von Fehlschlägen und Zerstörungen sind. Die Verschmelzung von Ost und West folgte auf das tückische und brutale Blutbad der Mongolen, die Auflösung der Macht der Monarchie in Europa nach dem scheinbaren Fehlschlag der Revolution von 1848, die Ausbreitung des Christentums nach dem moralischen Zerfall Roms. Während die meisten Menschen durch Macht und gewöhnliche Kriterien von Erfolg und Misserfolg hypnotisiert bleiben, sehen andere tiefere Schichten der Bedeutung im Ablauf der Ereignisse und erreichen ihre Ergebnisse ohne Gewalt.

Gewaltlosigkeit

Oft genug müssen alte Formen oder Autoritäten zerstört werden; Intelligenz jedoch kann das Schwert nicht selbst aufnehmen und ihren Zusammenbruch herbeiführen. Macht und Falschheit rufen durch Auflehnung oder Apathie, die zu Verwundbarkeit durch äußere Mächte führt, im Laufe der Zeit selbst ihre eigene Zerstörung hervor. In solchen Momenten ist es möglich, dass Intelligenz eingreift und derart von der Situation Gebrauch macht, dass die Kräfte der Veränderung, ihrer eigenen Vision entsprechend, für das eingespannt werden, was in der Zukunft benötigt wird. Intelligenz erreicht ihre Ergebnisse weder durch Macht noch durch Widerstand gegen Macht. Diejenigen, die Veränderungen hervorrufen, beteiligen sich nur allzu oft daran, Gewalt in Situationen anzuwenden, die unvermeidlich ihre eigene Gegengewalt oder Reaktionen erzeugen. Es ist eine der Einsichten der Intelligenz, dass Gewalt nicht funktioniert, in welcher Form auch immer.

In unseren komplexen Aufgaben ist Intelligenz immer als das »etwas Andere« erkennbar, das weder für, noch gegen die Autoritäten oder Systeme der jeweiligen Situation ist. Sie kann auf eine Art wirken, so dass es scheint, sie hätte keine Relevanz für die darin enthaltenen »Hauptanliegen«. Aus diesem Grund wird sie oft ignoriert und kann ihre Arbeit unbelästigt durchführen, sogar in der Hitze eines erbitterten Kampfes.

Während die meisten vor Chaos und Zerstörung schaudern, sucht Intelligenz die daraus entstehenden bedeutungsvollen Möglichkeiten aus. Intelligenz kann sich Stress und Teil-Dekonditionierung zunutze machen, wie sie in schwierigen Zeiten durchlebt werden.

Der größte Feind der Intelligenz ist nicht Zwietracht, sondern Selbstzufriedenheit. In einer zerrütteten Welt ist Intelligenz sinngebend!

Wirksamkeit besonderer Sensibilität

Ganz nebenbei ist es nützlich, sich der traditionellen Lehre bezüglich der Natur des gewöhnlichen Denkens zu erinnern, dass sie *nämlich von derselben Natur ist* wie die von materiellen Objekten. Diese Sachlage hat Vorteile, insofern sich Denken in den Eigenschaften und Tätigkeiten von materiellen Objekten exakt spiegeln kann – und genau das ruft Technologie hervor. Nachteil dieser Eigenschaft ist jedoch, dass der Verstand für Phänomene des Lebendigen und menschlicher Beziehungen unempfindlich wird. Die daraus folgenden Katastrophen werden, in der Art und Weise wie wir unsere Angelegenheiten handhaben, an allen Ecken und Enden sichtbar.

Intelligenz ist die Umkehrung des gewöhnlichen Denkens; Intelligenz kann nur arbeiten, indem sie mit der Intelligenz dessen spricht, womit sie sich befasst. Bestimmte Kanäle der Sensibilität öffnen sich entsprechend der wahren Natur dessen, was »studiert« wird.

Unterscheidungsfähigkeit

Es kann geschehen, dass Intelligenz sich schneller als der einzelne voranbewegt, und dass dieser eine geraume Zeit warten muss, bevor der nächste Schritt für ihn sichtbar wird. Intelligenz ist Zeit-Reise. Sie kann Fragen wie folgende beantworten: »Was würde ich meinem gegenwärtigen Selbst sagen, wenn ich vom Gesichtspunkt der nächsten Minute, Stunde, Tag oder Jahr aus sprechen würde?«.

Eines der kraftvollsten Bilder, das je hervor-gebracht wurde, um Intelligenz darzustellen, war Maxwells »Dämon« - eine infinitesimale Kreatur, die eine Tür öffnen konnte, um schnelle Moleküle sich in die eine Richtung und langsame sich in die entgegengesetzte Richtung bewegen zu lassen; der dadurch erzeugte Temperaturunterschied konnte zur Energieerzeugung genutzt werden. Intelligenz ist das Wenige, worauf es ankommt.

Viele kluge Köpfe strengten sich an zu beweisen, dass der Dämon in seinen Aktivitäten genau soviel Entropie erzeugen würde wie sie sich durch das Entmischen der langsamen und der schnellen Moleküle verringern würde. Die Absicht des Dämons ist es jedoch nicht, die Gesetze der Materie und der Zeit auf ihrer eigenen Wirkungs-ebene aufzuheben, sondern in diese Ebene eine

Handlungsweise einzuführen, die von diesen Gesetzen nicht abhängig ist. In diesem Fall ist das Schlüsselelement Unterscheidungsfähigkeit.

Ein intelligenter Mensch kann sein eigenes Sein verändern, indem er nur Eindrücke »feiner Qualität« in sich hineinlässt. Das erreicht er durch Arbeit an seiner Aufmerksamkeit und Emotionalität, so dass in jedem Ereignis die Wahrnehmung des Höchsten bevorzugt wird. Er wird es nicht erreichen, indem er versucht, sich von Erfahrungen auszuschließen, die er willkürlich als »schlecht« bezeichnet.

Intelligenz »tut« in der Welt der Materie nichts, sondern unterscheidet und trennt lediglich, indem sie die zur Verfügung stehenden Energien und Kräfte gebraucht.

Das Unterscheidungsvermögen in einem Menschen ist der Same der Intelligenz in ihm. Jede echte Handlung, die Höheres von Niederem unterscheidet oder jegliche Art echter Unterscheidung ist ein Akt der Intelligenz. Diese Handlung muss jedoch der Mensch selbst ausführen oder verwirklichen. Das Klassifizieren ist etwas völlig anderes, insbesondere gemäß fremden Etikettierungen.

»Ich unterscheide« ist der erste und wesentliche Akt menschlicher Intelligenz, noch fundamentaler als »ich benenne« oder »ich weiß«. Dann kann sogar der Akt des Unterscheidens außerhalb der bewussten Wahrnehmung stattfinden, und seine Resultate allmählich in einem bedeutungsvollen Bild oder einer Vorstellung im Verstand auftauchen lassen.

Nur durch echtes Unterscheiden kann ein Mensch wahre Selbstkontrolle erlangen: Wenn er nicht zwischen Höherem und Niederem unterscheiden kann, lässt er sich treiben und hat keinen Anhaltspunkt, um zu kontrollieren und kein Mittel, um effektive Entscheidungen zu treffen.

Stofflichkeit

Intelligenz hat ihre eigene Stofflichkeit. Sie ist nicht ohne Materialität, da sie am Entstehen von Form und Erfahrung beteiligt ist. Intelligenz kann die Transformation von Energien kontrollieren. Es gibt eine Art der Intelligenz, die «Nahrung« in »Denken« »umformt«, und eine andere, durch die ein Mensch sein Denken in nützliche Arbeit umwandeln kann.

Intelligenz wirkt im Bereich der unterschiedlich geschichteten Regelungen der menschlichen Kultur in Form psychologischer Einsichten und Methoden, welche die Menschen befähigen, eine wirkliche Einsicht in ihr eigenes Wesen und das, was von ihnen benötigt wird, zu erlangen. Solche Regelungen können nicht weit verbreitet sein, denn auch sie sind materiell und daher von begrenzter Kapazität.

Kathedralen, Gedichte und Ideen sind Punkte der Konzentration intelligenter Steuerungsenergie. Gewöhnlich erschafft jeder Mensch, der Intelligenz in sich trägt, seine eigene Form der Konzentration. Das kann darin bestehen, eine Sache gut zu machen. Es beinhaltet immer, fähig zu sein, eine Aufgabe in ihrem vollen Umfang durchzuführen, die Dinge zur Vollendung zu bringen, und dabei alle Risiken zu tragen und alle benötigten Fähigkeiten selbst zu entwickeln.

Die Liebe und das Boshafte

Intelligenz ohne Liebe ist boshaft. Das Boshafte »genügt sich selbst«. Nur Liebe ist höher als Intelligenz und durch Unterordnung unter diesen höheren Wert kann Intelligenz vor sich selbst geschützt werden. Intelligenz ist nicht mittels ihrer eigenen Transformationen und Wirkungen zur Liebe fähig; Liebe ist etwas anderes.

Liebe sollte der Intelligenz vorausgehen, und Intelligenz sollte der Liebe den Weg bahnen. Liebe ist, was für Intelligenz unmöglich ist; Liebe bewegt sich außerhalb der Gesetze unter denen Intelligenz wirken muss. In der Liebe sind alle Dinge gleich, während in der Intelligenz Unterscheidungsvermögen und Auswahl, Höheres und Niederes, und die Zurückweisung von Unbrauchbarem vorherrschen muss.

Durch eine jener eigenartigen menschlichen Verdrehungen führt die Idee der Liebe oft zu nicht-intelligenter Passivität und Unterwürfigkeit. Dies ist eine exakte Umkehrung, da sie Liebe unter Intelligenz stellt, statt darüber.

Alle Menschen von großer Intelligenz kommen zu dem Punkt, an dem es klar wird, dass »Liebe das wirklich Unmögliche ist«.

Authentische Ganzheit

Intelligenz ist eine Handlung des Ganzen, nicht die Hinzufügung eines weiteren Teiles. In den meisten Situationen wird nicht erkannt, was das Ganze der Situation ist. Deshalb wird versucht, in Form von Systemen, Modellen, und Überzeugungen, die sich jedoch nur mit Teilaspekten abgeben, zu handeln und zu denken; und oft wird geglaubt, dass solche Teil-Bemühungen zusammengefügt werden können, um das »Ganze« zu finden. Doch wahre Integration kann nur dann geschehen, wenn sie von Anfang an aus dem Ganzen stammt. Wenn diese Bedingung zutrifft, wird jeder Teilaspekt als ein Ausdruck des Ganzen entwickelt sein, und das Bedürfnis nach Integration nicht länger bestehen.

Das Ganze ist essenziell in jedem wahren Teil des Ganzen; der wahre Teil ist nicht »abgeteilt«. Intelligenz ist mehr als Bewusstsein: sie ermöglicht uns auf die »höhere Information« zu hören.

Himmel und Erde

Das Ganze einer Situation ist das »Himmlische Königreich« der Situation; genauso wäre das Himmlische Königreich jetzt mit uns, wenn wir die Barriere in unserer eigenen Natur, die uns spaltet, überwinden könnten. Das Königreich befindet sich an keinem anderen Ort und in keiner anderen Zeit, und doch wird es so lange »dereinst kommen«, solange Intelligenz noch nicht soweit vorangeschritten ist, um es ihm zu ermöglichen, die Gegenwart zu sein.

Die unbeantwortete Frage

Intelligenz weist uns auf ihr Fehlen in uns hin, und dadurch beginnen wir, intelligent zu werden. Sie ist die Lampe, die ihr Licht auf das Blatt wirft und uns die Worte offenbart, die wir nicht verstehen. Sie befähigt uns, verblüfft zu werden und Fragen zu stellen, für die es keine Grammatik gibt. Schließlich greifen wir zur Feder und beginnen zu schreiben, da es keine Alternative gibt.

Medium

Wenn etwas erreicht wird, kann es wie die Folge aus kontrollierter Anstrengung erscheinen, die auf widerspenstiges Material angewandt wird. Gleichzeitig ist es aber auch der Fall, dass Intelligenz mit Intelligenz kommuniziert hat und mit sich selbst einig wurde. Die Bedeutung von Intelligenz ist nicht nur aus der Konstruktion, sondern auch aus dem Zusammenwirken zu ersehen. Intelligenz baut »Wegweiser« und »Empfänger«; das eine, um zu zeigen wo sie gefunden werden kann, und das andere, um ein Mittel bereitzustellen, sie zu hören. jede neue Erfindung ist eine Art »Horchposten«, an dem wir dem fortlaufenden Dialog heimlich lauschen können. Der Ausdruck »Dialog« ist irreführend, insofern er zwei vermuten lässt; ebenso der Ausdruck »Monolog«, da er einen vermuten lässt. Die Essenz der Intelligenz ist »log«, das heißt *Medium.*

Der sprechende Teil

Gibt es jemanden, der Intelligenz beschreiben kann? Und wodurch kann sie beschrieben werden? Das »Wer« und das »Was« werden durch Intelligenz enthüllt, und keines von beiden hat irgendeine Macht der Sprache.

Ist die Menschheit intelligent?

Intelligenz kann weder gezählt noch in Zahlen verwandelt werden. Es gibt keine Anzahl von Intelligenzen. Eine intelligente Person ist nur eine äußere Form der Intelligenz. Menschliche Wesen sind als Modelle dessen, was Intelligenz ist, unzureichend, sind aber auf der Erde erschienen, um diese Frage in den Brennpunkt zu rücken.

Kann die Intelligenz der Menschheit gesteigert oder verbessert werden? Von woher aber soll Intelligenz zusammengetragen werden, und wer kann die Teile vereinigen? Womit kann Intelligenz in Verbindung gebracht werden? Wir wissen, dass man am Leben bleiben muss, also ist es intelligent, den Körper gut zu behandeln. Immer, wenn jemand intelligenter behandelt wird, wird er selbst intelligenter. Dies ist eine Transaktion, die tiefer geht als die Ehe und eine, die von Erziehung verdeckt wird; sie ist die wichtigste Arbeit, die es gibt und deshalb die am meisten vernachlässigte. Sie ist die Entdeckung des «Stärkeren» auf intelligente Weise und nicht durch wahlloses Ausgesetztsein in Lebenskatastrophen des Todes und Verhungerns. Andernfalls wäre es das Beste, alle in einem Käfig einzusperren, sie es auskämpfen zu lassen oder sie an der Börse gegeneinander auszuspielen; anders ausgedrückt: Sich so zu benehmen wie die Menschheit sich zur Zeit aufführt – durch Gewalt und Habgier. Andere intelligent zu behandeln, bedeutet an deren Intelligenz zu appellieren und ihnen nicht zu sagen, was sie zu tun oder zu denken haben; d. h. seine Macht über sie zu verlieren. Gerade an dem Punkt, wo solche Abstinenz am Rande der törichten Verwundbarkeit taumelt, öffnet sich eine Tür. Es ist etwas, das unmöglich zu berechnen ist, das wunderbar zu erblicken ist, und das von der Menge unbemerkt bleibt. Sogar die großartigste Kunst erreicht auch nicht annähernd diesen Zustand; ansonsten wäre die Welt schon längst erleuchtet. Aber darüber hinaus ist Kunst in ihrem Lob des Törichten, ihrer Artikulation der Sprachlosigkeit, ihrem Verstehen des Missverstandenen und ihrer Erfüllung unbekannter Sehnsüchte intelligent.

Konzentration

Erfordert Intelligenz einen Körper oder eine Maschine? Wenn es eine Wirkung geben soll, dann müssen Mittel da sein. Ein Mittel ist etwas, das konzentriert, was sonst zerstreut oder bruchstückhaft ist, wie zum Beispiel eine Handtasche oder eine Linse; ein Gehirn oder ein Segel; ein Gedicht oder ein Organismus; ein Haus oder ein theoretisches Prinzip; ein Blatt oder ein Stern. Während des Konzentrierens tritt ein Mittel in Beziehung zu anderen Mitteln, ein Körper zu anderen Körpern. Ebenso tritt es in Beziehung zu sich selbst, weshalb es intelligent erscheinen mag. Ohne Konzentration kann Intelligenz keine Wirkung erzielen.

Konzentration ist eine Folge des vielen in seiner Mannigfaltigkeit. Intelligenz variiert die Vielfalt und verdichtet die Konzentration, und alles erscheint daher als Körper und Maschinen. Konzentration kommt von Intelligenz und führt zu Intelligenz. Demzufolge ist Evolution intelligent und muss das Verschiedenartige verschiedenartiger gestalten.

Gestaltung

Intelligenz spiegelt sich in ihren eigenen Erzeugnissen wieder, was den Anschein erweckt, als ob diese Erzeugnisse sie entstehen lassen. Die Folge dessen ist, dass die Menschen intelligent erscheinen, und auch ihre Arbeiten ebenso Intelligenz aufzuweisen vermögen. Alle Intelligenz ist künstlich, da sie eine Arbeit der Gestaltung ist. Sie befindet sich in den Medien, die dem »Gestalter« und dem »Gestalteten« gemeinsam sind, wobei diese beiden ohne Trennung klar ausgedrückt werden können. Es gibt keine Quelle der Intelligenz in Raum und Zeit. Sie kommt nicht von irgendwoher. Sie erlangt Wirksamkeit durch ihre eigenen Arbeiten. Der »Beweis aus der Zweckmäßigkeit« nahm an, dass die Organisation des Universums einen »Schöpfer« beweist. jedoch weist das Universum auf nichts anderes hin als auf Gestaltung oder Intelligenz. Alle Schöpfer, Macher und Organismen werden in dem Medium der Intelligenz entdeckt, das heißt im Prozess der Gestaltung. Das wichtigste Merkmal des Universums ist, dass es sich fortwährend selbst gestaltet. Es »geht« nicht einfach »weiter«, noch »gehorcht« es einfach »Gesetzen«. Der Gestalter ist innerhalb der Gestaltung und muss sich selbst erfinden, um irgendetwas zu tun. Daher erscheinen uns die Absicht und die Intelligenz des Universums als Fiktionen.

Vollkommenheit

In diesem Sinne hat Intelligenz mit absoluter Vollkommenheit zu tun und mit der Erfüllung des Gebots von Jesus: »Darum sollt ihr vollkommen sein, gleich wie euer Vater im Himmel vollkommen ist«. Dieses unmögliche Gebot war ernst gemeint und sollte auch ernst genommen werden. Es ergibt überhaupt keinen Sinn unvollkommen zu sein; und Intelligenz wird sich nicht mit irgendetwas weniger als Vollkommenheit zufrieden geben. Tatsächlich verabscheut Intelligenz das Unvollkommene. Diese Abscheu mag ihre Hauptschwäche sein und macht ihre Abhängigkeit von Liebe notwendig, da Intelligenz genauso fähig ist, das Unvollkommene zu zerstören, wie das Vollkommene zu erschaffen.

Das soll nicht heißen, dass Vollkommenheit das Gegenteil von Tatsächlichkeit bedeuten soll. Vollkommenheit schließt Tatsächlichkeit mit ein und ist wirklich. Zu vervollkommnen bedeutet zur Vervollständigung zu bringen. In Vollkommenheit wird die Erde ein wahrer Teil des Himmels; der Teil wird ein Teilchen des Ganzen.

Stumpfsinn

Solange du ignorierst, was hier gesagt wird, hast du die Möglichkeit es zu verstehen.

Ja, wir müssen Anstrengungen unternehmen, aber nur, um zu zeigen, dass sie am Wesentlichen vorbeigehen. Versuche dies zu verstehen.

Gymnastische Übungen sind populär, denn sie ermöglichen, die Notwendigkeit zu umgehen, unserer Elend aufzugeben. Ebenso wird das Lesen von schwierigen Büchern dem Ausmerzen von Stumpfsinn vorgezogen.

Intelligenz scheint durch alles hindurch, als ob es nicht da wäre. Das macht sie bei denjenigen unbeliebt, die ihren eigenen Schatten werfen wollen. Wer möchte denn ein Fenster sein, wenn er eine Tür sein kann? Stumpfsinn scheint ein überzeugenderer Beweis für die eigene Existenz zu sein als Intelligenz. Also, halten wir unsere Tür für alle Fälle geschlossen!

Was können wir gegen Stumpfsinn tun? Nichts – wir haben schon zu viel getan.

Einige weitere Einsichten

Kontrolle

Gewöhnliche Kontrolle beinhaltet, sich nach äußerer Autorität zu richten.

Der inneren Autorität zu gehorchen, ist die Essenz von Entscheidung. Die innere Autorität oder »Ich« ist keine mentale Angelegenheit, also ist sie nicht an die Trennung zwischen innen und außen gebunden, die der Verstand vollzieht. Man fragt aufmerksam, ob die Entscheidung getroffen wurde. Wenn ja, wird die Verwirklichung durch nichts verhindert.

Jetzt

Was Jetzt ist, ist alles, was ich habe:
Gehe ich schrittweise in der Zeit voran, beherrscht mich die Folge der Ereignisse; es gibt keine Freiheit in der Zeit-Abfolge.
Ich muss in vielen verschiedenen Arten von Zeit leben.
Wahre Entscheidungen werden nicht durch etwas verursacht, was vergangen ist.

Freiheit

Der Forscher bewegt sich außerhalb der bekannten Raum-Zeit und entdeckt eine neue Welt. Er lässt das, was er »ich selbst« nennt, hinter sich. Sein Gott ist Freiheit.

Wir finden größere Freiheit durch das Aufgeben von Sklaverei.
Wir müssen alles, was wir tun können, *gut* tun.
Auf diese Weise wird unser gegenwärtiger Augenblick geöffnet, statt geschlossen.
Dann kann die uns innewohnende Intelligenz wirken und höhere Formen der Kontrolle freisetzen, was soviel heißt wie: Freiheiten.
Die höhere Intelligenz kann der niederen nur dann helfen, wenn die niedere zustimmt und lernt, wie sie mitwirken kann.

Mangel

Wir müssen entdecken, woran es uns mangelt und etwas über diesen Mangel in uns herausfinden.

Eine vorsichtige, feste und ruhige Aufmerksamkeit muss auf unsere Mittelmäßigkeiten und Mängel ausgeübt werden - nicht mit Selbstbeschuldigung, sondern mit dem wachsenden, ehrlichen Wunsch nach Weiterentwicklung, um dem zu entsprechen, was wahrhaft benötigt wird, statt falschen Vorstellungen zu entsprechen.

Wir müssen eine große Hoffnung aufbauen, eine tiefgehende Hoffnung, in Übereinstimmung mit der aus Entbehrungen angesammelten Klarheit, nur noch weitreichender.

Und im Lichte dieser Hoffnung müssen wir vorbereitet sein, alles aufzugeben, was sie daran hindern könnte, wahr zu werden.

Welt

Wir leben in einer totalen Welt zusammen mit anderen, an bestimmten Orten und zu bestimmten Augenblicken der Geschichte: Auch sie sind Teil von uns. Sie sind nicht bloß Dinge da draußen oder zufällige Umstände. Glaube, dass Intelligenz daran arbeitet, die rechten Leute zusammenzubringen, zur rechten Zeit, am rechten Ort und unter den rechten Umständen.

Frage dich, ob du an deinem rechten Ort bist. Halte dir vor Augen, dass die wesentliche Bewegung des Universums ohne jegliche Ursache spontan ist.

Struktur und Form

Gewöhnlich gehen wir von Struktur zu Struktur, glaubend, dass jede Form, in der wir leben, vollständig ist: aber die wirkliche Welt enthält alle möglichen Strukturen und keine Form kann je der Wirklichkeit entsprechen, noch nicht einmal dem Bewusstsein.

Wollen wir Meister unserer Selbst werden, unseres Lebens, unserer Arbeit, so ist dies nicht durch niedere Kontrollinstanzen möglich, die in Formeln und Rezepte umgewandelt werden können, sondern durch die höhere Kontrolle, den Sitz wahrer Entscheidung, der über das Opfern des

Minderen (das uns so kostbar erscheint, sogar als Basis unserer Existenz, ohne die wir nichts wären) zum Wohle des Höheren erreicht wird.

Äußerlich, in unserer Wahrnehmung, scheint das wie ein Aufheben der Kontrolle, ist aber wirklich nur das Aufgeben falscher Sicherheit. Allem voran wird der innere Gott, den wir anbeten - in jeder Überzeugung, Einstellung und Sehnsucht - bestimmen, was möglich ist und was Intelligenz tun kann.

Verlassen wir die begrenzte Reichweite der Unterscheidung zwischen Subjekt und Objekt, Ich und der Welt, wird das Wesen der Verantwortung offenbar.

Wie jedes uns als intelligent bekannte Ding seinen besonderen Charakter entschieden kundtut, so finden wir uns selbst, indem wir uns selbst erschaffen. Dies ist keine Aufeinanderfolge von Handlungen, dies ist ein Eindringen in die Tiefen dessen, was jetzt ist, als ein Teilchen des Ganzen, das sich willentlich entfaltet.

Transformation

Ein Poet schrieb: »Die Erde schreit nach Transformation«.

Der Mensch ist so geschaffen, dass er dazu unfähig ist, in sich selbst zu ruhen.

Als Erwiderung der Grausamkeiten in der Umwelt oder dem Hunger nach einem besseren Leben, sogar in einem Leben als ein Gefährte Gottes – oder in Anerkennung des Durstes, den wir nach einer Qualität haben, in dem, was wir ausführen – müssen die Bemühungen und Forschungen nach dem Lebendigen weitergehen.

Im Menschen sind dreitausend Millionen Jahre des Wirkens von Intelligenz investiert, und jeder Einzelne von uns ist, sogar in den flüchtigen Augenblicken unseres Bewusstseins, aufgerufen intelligent zu sein.

Weiterentwicklung

Um sich weiterzuentwickeln, muss das Mindere sterben und das Höhere geboren werden. Jede Vision, die einem Menschen geschenkt wird, muss geschehen, einfach deswegen, weil sie gesehen und geschmeckt wurde.

Und mit einer entsetzlichen Rücksichtslosigkeit muss alles, was sich einmischt, der Auflösung anheimfallen; dadurch, dass es minderer ist, qualifiziert es sich für den Status einer vorüber-gehenden Illusion, die nicht durch die Energien intelligenter Arbeit aufrechterhalten wird.

Intelligenz stellt ihre eigenen Maßstäbe und Berechnungen der Brauchbarkeit auf und, wie ein Gärtner, jätet sie das Unkraut und pflegt die bedeutungsvolle Blume.

Wir sind Intelligenz gegenüber hilflos. Der einzige Ausweg besteht darin, eine Person zu erfinden, die erfolgreich oder erfolglos ist – die vertrauteste Art eine Werkzeugs und auch die trügerischste.

Erleuchtung

Intelligenz ist immer noch an eine Erfahrung gebunden. Während Intelligenz noch an Tatsachen, das heißt, mit der erschaffenen Welt beschäftigt ist, kommt die Erleuchtung aus einem Bereich jenseits der Fakten und besteht durch geistige Werte. Erleuchtung entsteht durch eine Verschmelzung von Kreativität und Liebe.[18]

---

18 aus: *A Gymanium of Beliefs*, S. 34

Schlusswort

Die Idee der Intelligenz ist nun ausführlich zum Ausdruck gebracht worden. In der Tat so ausführlich, dass jede weitere Hinzufügung nur wenig ändern würde. Nicht etwa deswegen, weil schon so viel gesagt wurde. Viel wichtiger ist es, dass das, was gesagt wurde, eine Welt des Verstehens geschaffen hat, in der jegliche Hinzufügung von der Ähnlichkeit der Dinge, die schon gesagt wurden, aufgenommen würde.

Wir haben den Punkt erreicht, an dem es sehr schwierig ist, etwas Neues zu sagen. Es ist Zeit anzuhalten.

Wir können jedoch ändern, was wir tun. Es besteht keine Notwendigkeit im selben Trott weiterzugehen, obgleich es gerade das ist, was in der Regel in unserem Denken geschieht.

Die Aufgabe besteht nun darin, neue Welten des Verstehens zu betreten, und dies erfordert die Überwindung des Alten. Es besteht eine Notwendigkeit für Freiheit. Wir können versuchen unser Verstehen zu verstehen und Befreiung erlangen.

Alles in den Ausdrucksformen Gesagte kann, wie auf einer Ideenebene existierend und auf bestimmte Weise strukturiert oder visualisiert werden. Es gibt einen Raum des Verstehens, der in eine dritte Dimension hineinreicht, der vor all dem Denken, das bisher ausgedrückt wurde, verborgen ist. Wenn wir die Strukturen der Ideen-Ebene verstehen, können wir der Potentialitäten eines höheren Raumes gewahr werden.

Es gibt Techniken, mit denen die Lage und Struktur einer gedanklichen Ebene analysiert werden kann. Was jedoch wirklich wichtig ist, ist dies intuitiv zu begreifen und alle Mechanismen beiseite zu lassen. Dann kann man sehen, was jenseits liegt.

Bibliografie

Bücher von Anthony Blake:

Das intelligente Enneagramm, Südergellersen 1993, Verlag Bruno Martin

The Intelligent Enneagram, Boston/London 1996, Shambala Publications

A Seminar on Time, Charles Town, WV, Claymont Communications 1980

The Supreme Art of Dialogue – Structures of Meaning,
Charles Town, WV, Duversity Publications 2008

A Gymnasium of Beliefs in Higher Intelligence, Charles Town 2010, Duversity Publications

Weitere Bücher, Vorträge und Bestellungen über:
http://duversity.org/PDF/Publications.pdf

Siehe auch seine Vorträge auf YouTube.

Eine Handlung ist nur dann wirklich intelligent, wenn sie, ganz gleich was vor sich geht, angehalten werden kann.

FSC

www.fsc.org

MIX

Papier aus ver-
antwortungsvollen
Quellen
Paper from
responsible sources

FSC® C105338